生态旅游规划与可持续发展研究

李 辉 著

北京工业大学出版社

图书在版编目（CIP）数据

生态旅游规划与可持续发展研究 / 李辉著 . — 北京：北京工业大学出版社，2019.12（2021.5 重印）

ISBN 978-7-5639-7247-0

Ⅰ．①生… Ⅱ．①李… Ⅲ．①生态旅游－旅游规划－研究－中国②生态旅游－可持续性发展－研究－中国 Ⅳ．① F592.3

中国版本图书馆 CIP 数据核字（2019）第 283809 号

生态旅游规划与可持续发展研究

著　　者：	李　辉
责任编辑：	张　贤
封面设计：	点墨轩阁
出版发行：	北京工业大学出版社
	（北京市朝阳区平乐园 100 号　邮编：100124）
	010-67391722（传真）　bgdcbs@sina.com
经销单位：	全国各地新华书店
承印单位：	三河市明华印务有限公司
开　　本：	710 毫米 ×1000 毫米　1/16
印　　张：	12
字　　数：	240 千字
版　　次：	2019 年 12 月第 1 版
印　　次：	2021 年 5 月第 2 次印刷
标准书号：	ISBN 978-7-5639-7247-0
定　　价：	48.00 元

版权所有　翻印必究

（如发现印装质量问题，请寄本社发行部调换 010-67391106）

前　言

旅游业是现代文明的一个重要标志，传统旅游行业不注重旅游业的发展对自然环境的影响和破坏，这对旅游行业的发展和生态环境造成了威胁。20世纪80年代之后，可持续发展理论的研究不断深入，旅游行业将这一思想引入自身的发展中，而生态旅游作为实现旅游业可持续发展的途径之一，受到了各个国家和社会公众的重视。

本书第一章为走进生态旅游，主要阐述了生态旅游的产生与发展、生态旅游的概念与内涵、生态旅游的基本模式以及生态旅游与其他旅游形式等内容；第二章为生态旅游与可持续发展，主要阐述了生态旅游的理论基础、可持续发展的一般理论以及生态旅游可持续发展的理论基础等内容；第三章为生态旅游可持续发展的现状，主要阐述了生态旅游可持续发展的概况、优势与前景、国内生态旅游可持续发展现状、国外生态旅游可持续发展现状以及国内外生态旅游可持续发展的对比与反思等内容；第四章为生态旅游规划与生态环境保护，主要阐述了生态旅游规划及其重要性、生态旅游规划的目标、生态旅游规划的原则以及生态旅游规划的支持保障体系等内容；第五章为生态旅游项目体系与线路规划，主要阐述了生态旅游项目体系规划、生态旅游线路规划等内容；第六章为生态旅游管理与可持续发展评价，主要阐述了生态旅游者管理、生态旅游业管理、生态旅游社区管理、生态旅游环境管理以及生态旅游可持续发展评价等内容；第七章为生态旅游的绿色技术与可持续发展策略，主要阐述了生态旅游的绿色技术、生态旅游可持续发展的对策以及生态旅游可持续发展的反思与超越等内容。

本书共七章，约20万字，由吉林大学珠海学院李辉撰写。为了确保研究内容的多元性和丰富性，本书在写作过程中参考了大量的理论和研究文献，在此向涉及的专家学者表示衷心的感谢。

最后，由于作者水平有限，加之时间仓促，本书难免会存在一些疏漏和不足之处，在此恳请读者朋友批评指正！

目 录

第一章 走进生态旅游 ... 1
第一节 生态旅游的产生与发展 ... 1
第二节 生态旅游的概念与内涵 ... 4
第三节 生态旅游的基本模式 ... 12
第四节 生态旅游与其他旅游形式 ... 15

第二章 生态旅游与可持续发展 ... 19
第一节 生态旅游的理论基础 ... 19
第二节 可持续发展的一般理论 ... 29
第三节 生态旅游可持续发展的理论基础 ... 37

第三章 生态旅游可持续发展的现状 ... 43
第一节 生态旅游可持续发展概述 ... 43
第二节 国内生态旅游可持续发展现状 ... 46
第三节 国外生态旅游可持续发展现状 ... 53
第四节 国内外生态旅游可持续发展的对比与反思 ... 58

第四章 生态旅游规划与生态环境保护 ... 65
第一节 生态旅游规划及其重要性 ... 65
第二节 生态旅游规划的目标 ... 83
第三节 生态旅游规划的原则 ... 84
第四节 生态旅游规划的支持保障体系 ... 89

第五章 生态旅游项目体系与线路规划 ... 101
第一节 生态旅游项目体系规划 ... 101
第二节 生态旅游线路规划 ... 112

第六章　生态旅游管理与可持续发展评价·····················129
　第一节　生态旅游者管理·····················129
　第二节　生态旅游业管理·····················135
　第三节　生态旅游社区管理·····················141
　第四节　生态旅游环境管理·····················143
　第五节　生态旅游可持续发展评价·····················152

第七章　生态旅游的绿色技术与可持续发展策略·····················155
　第一节　生态旅游的绿色技术·····················155
　第二节　生态旅游可持续发展的对策·····················165
　第三节　生态旅游可持续发展的反思与超越·····················178

参考文献·····················183

第一章　走进生态旅游

旅游是人民美好生活的重要组成部分，旅游业是满足人民美好生活需要的幸福产业。旅游业的可持续发展是一个综合性的目标，是旅游经济的可持续发展、旅游社会文化的可持续发展及旅游生态环境可持续发展的有机统一体。本章分为生态旅游的产生与发展、生态旅游的概念与内涵、生态旅游的基本模式与生态旅游与其他旅游形式四部分，主要包括生态旅游的产生、生态旅游的概念、发达国家与发展中国家生态旅游发展的模式、生态旅游与大众旅游等内容。

第一节　生态旅游的产生与发展

一、生态旅游的产生

"生态旅游"这个概念是由谢贝洛斯·拉斯喀瑞于 1983 年在其文章中首次提出的。生态旅游指欣赏自然风光的旅游活动，也指遵循可持续发展思想进行的旅游活动。

社会经济的快速发展和科学技术的飞速进步使人们的物质生活水平得到了大幅度的提高，旅游行业随之不断发展，虽然自然环境受到了破坏和威胁，但人们却希望能够接近自然、感受自然风光；另外，很多自然景区受到了环境污染和环境破坏，生态环境面临着严重的威胁，这些问题阻碍了旅游行业的发展，降低了人们的旅游体验和旅游品质。

因此，旅游业发展和生态环境保护之间的矛盾及问题亟待解决，生态旅游的概念由此产生。世界上很多组织都对"生态旅游"的概念提出过定义，但并没有对"生态旅游"的定义达成共识，生态旅游的内涵也存在着一些争议。

二、生态旅游的产生背景

社会经济快速发展，科学技术和人们的生活水平显著提高，但人们的生存环境质量和生活质量却在不断地下降。人们希望能够通过旅游感受自然，享受自然的美感，并且这种需求在不断增加。但是，许多旅游区已经遭受了不同程度的污染和破坏，这必将会对旅游业的发展造成阻碍。

在当今瞬息万变的时代，人们提出了旅游行业可持续发展的思路，生态旅游的旅游方式出现以后便受到了人们的欢迎。

（一）生态旅游产生的社会背景

人类文明的社会化进程经过了狩猎文明、农业文明和工业文明几个阶段，目前正处于工业文明向生态文明过渡的阶段。

在工业文明时期，人们将征服自然作为发展目标，对自然环境造成了破坏，人和自然呈现出对立的状态。在这一阶段，虽然人们从中获得了不曾有过的物质上和精神上的收益，但是却造成了资源的消耗殆尽、气候变暖，环境变化，以及自然生态不平衡等一系列世界性的危机。

面对这些危机，保护自然生态环境的重要性逐渐受到了人们的重视，人们认识到人和自然要形成和谐统一、相互依存的关系。大自然授予了任何个体平等的权利。生态旅游的产生和发展顺应了时代的发展趋势，传统的旅游发展方式也因为生态旅游的发展发生了改变。

生态旅游是公众对生态有了更高程度认识的结果。此外，长时间在城市中生活的人们每天都在现代性的建筑中生活，每天面对的都是同样的生活和繁忙的工作，生活单调而乏味。因此，居住在城市中的人们都有接近自然、感受自然的渴望，因此生态旅游的概念一提出就迅速受到了城市居民的欢迎。

（二）生态旅游产生的内在动力

长期以来，人们热衷于追求美好物质和经济发展。工业化和城市化的发展导致了人们对生态资源的忽视，这种错误的观念导致生态环境问题不断加重。

世界人口不断增长，人类社会的生产规模不断扩大，导致空气中温室气体的排放量不断增加，气候变暖问题日益严重。气候变暖将会引发冰川融化、海平面上升、气候异常等生态问题。同样，由于人口增加和环境污染等生态问题，地球上大量的生物物种灭绝，生物多样性面临着巨大的威胁。

旅游行业对生态环境、人文环境的依赖程度非常高，旅游者对旅游环境的要求越来越高。但是，传统旅游业不断发展，游客的数量不断上升，自然环境和生态资源环境的压力越来越大，这在一定程度上阻碍了旅游业的发展。

三、生态旅游的发展历程

生态旅游这种旅游方式有其独特性,生态旅游的目的是享受自然资源。生态旅游的发展是旅游市场的结构变化和传统旅游行业发展的结果,生态旅游的发展有旅游环境的基础和消费者的基础。一般来讲,生态旅游的发展有以下几个阶段。

(一)生态旅游萌芽阶段(20世纪60年代至20世纪80年代)

20世纪60年代后,西方国家的经济快速发展,人们的生活水平不断提高,旅游行业发展迅速,旅游活动的质量也在不断提升。

传统旅游行业的发展不免会对生态环境造成影响,这些环境问题逐渐受到了社会公众的重视,很多专业学者开始研究人类的旅游活动和生态环境保护之间的关系,分析如何在保护自然环境的前提下开展旅游活动,即达到旅游业的发展和生态环境保护之间的平衡,从而提出了生态旅游这种旅游形式。

由于传统旅游行业发展不够充分,这一时期主要是调整性观光旅游,这种旅游形式是自然旅游活动的完善。传统旅游的游客数量众多,旅游项目的规模比较大,对环境有较大的影响。调整性观光旅游的项目规模比较小,人员的活动密度比较低,其旅游的目的地比较分散。调整性观光旅游参与者的组成有多元化的特点,他们来自社会的各个阶层。这些参与者一般有较高的收入,比较向往在自然界中寻求刺激。换句话说,这个时期的调整性观光旅游和生态旅游比较接近。

调整性观光旅游主要包括自然取向的旅游(nature-based tourism)、软性旅游(soft tourism)、自然旅行(nature travel)、自然观光(nature tourism)、环境友好型旅游(environment-friendly tourism)、特定主题旅游(special interest tourism)、环境朝圣(environment pilgrimage)、绿色观光(green tourism)、永续观光(sustainable tourism)、野生生物旅游(wildlife tourism)、合适的旅行(appropriate tourism)、道德旅行(ethical tourism)、责任旅行(responsible tourism)等。

从这些专业性的术语中不难看出,调整性观光旅游的发展方向与传统旅游的发展方向不同。但是调整性观光旅游还不是真正意义上的生态旅游,调整性观光旅游将旅游对生态环境的影响降低到了一定范围。需要注意的是,调整性观光旅游没能完全取代传统旅游。这主要是因为传统旅游行业的经济收益非常可观,能够为当地创造巨大的经济收入。

（二）生态旅游起步阶段（1983 至 1989 年）

生态旅游被提出后的几年内，生态旅游的研究者和推动者大量涌现。谢贝洛斯·拉斯喀瑞于 1983 年首次提出了一个新名词——"生态旅游"。在他看来，旅游者要去受到人类活动影响比较小的地区欣赏当地的风光和文化，使生活在城市的人们的能够缓解自己的生活和工作压力，并树立起环境保护意识。

1987 年，挪威首相布伦特兰夫人做了一份题为《我们共同的未来》的报告，并且在全球环境与发展委员会上表明了自己的观点，把可持续发展的概念界定为"不可因满足现今需求而损及未来世代的发展"。这个报告得到了世界范围内的普遍认可，被视为"第一个可持续发展国际性宣言"。

旅游领域的专家学者将各个观点纳入了旅游行业之中，如美国将国家公园定义为环境的永续观光，即开发管理生态系统要维持该环境的生态完整性，并且不危及后代子孙从中获得愉悦。

（三）生态旅游蓬勃发展阶段（1990 年至今）

20 世纪 90 年代之后，旅游行业的专业人士对生态旅游开展了一系列实际调查。首先，一些专家对生态旅游的思想和理念做出了调整。在 1990 年，伊丽莎白·布从概念上界定了生态旅游的内涵，即必须以自然为基础。换句话说，生态旅游的目的是学习、研究、欣赏风景和野生动植物等，生态旅游的目的地要选择污染比较少的地区。

很多国家在实际的旅游活动中形成了独特的生态旅游，也因此获得了一定的经济效益和生态环境效益，如澳大利亚在 1994 年制定了生态旅游指南，建立了生态旅游协会，编写了与生态旅游有关的知识手册，并向民众进行普及，此外还开设了生态旅游的培训课程对民众进行培训。

第二节　生态旅游的概念与内涵

一、生态旅游的概念

《全国生态旅游发展规划（2016—2025 年）》中明确了生态旅游的概念：生态旅游是以可持续发展为理念，以实现人与自然和谐为准则，以保护生态环境为前提，依托良好的自然生态环境和与之共生的人文生态，开展生态体验、生态认知、生态教育并获得身心愉悦的旅游方式。

对于旅游者来说，生态旅游是要接近自然，保护自然生态环境，感受生态文化，出于保健疗养、度假休憩、科普求知等动机，要在保护生态环境的基础上开展生态旅游活动，使旅游活动实现可持续发展。生态旅游需要将旅游地的生态系统和生态发展理念作为基础，强调保护当地的生态环境、旅游资源和社会利益，促进旅游地生态、社会、经济效益同步协调发展。

由于人们的文化背景、经济基础和生活的政治环境有所不同，因此对生态旅游赋予了不同的含义。此外，在生态旅游的理论和实践不断发展的过程中，人们对生态旅游的理解也在不断加深。因此，不需要把所有的概念统一起来。虽然有许多不同的概念，但是它们的关注点是一样的，即旅游行业的发展要和环境保护保持协调。同时，经过几十年的发展，关于生态旅游的一些问题，人们有了更多的共识，这些共识是在争论的基础上形成的。

二、生态旅游的内涵

从旅游者和生态旅游的目的方面来看，生态旅游的旅游动机是回归自然、保护生态环境、体验原生态文化，并进行观光、度假、保健、疗养、运动、求知等活动。生态旅游主要是为了接近大自然、了解大自然、欣赏大自然中的美。

从保护自然及生态旅游的载体看，生态旅游的载体是特定生态系统。生态系统指在自然界的一定的空间内，生物群落与无机环境构成的统一整体，在这个统一整体中，生物与环境之间相互影响、相互制约，并在一定时期内处于相对稳定的动态平衡状态。生态系统的范围可大可小，相互交错，可以划分为自然生态系统和人工生态系统。自然生态系统又包括森林生态系统、草原生态系统、海洋生态系统、湿地生态系统等，人工生态系统以城市和农田为主。

从生态旅游的吸引物角度来看，生态旅游资源的最大吸引物是景观独特、生物资源丰富、空气清新、水体清洁、负离子浓度高、气候舒适、无噪声、无辐射等。具备这些条件的生态环境是人们追求的目标，具备良好环境的生态旅游区是人类生存的理想空间。

在旅游的形式方面，生态旅游和传统旅游不同，生态旅游是可持续发展的旅游形式。生态旅游是在大众旅游的基础上，进行修正和调整后提出的一种全新的旅游发展模式，将它与传统大众旅游做对比，有利于使人们从本质上认识生态旅游。生态旅游和传统大众旅游在目标、受益者、管理方式、影响方式、旅游设施建设、市场因素分析、发展战略等很多方面都大有区别。

三、生态旅游的理念

（一）保护性

生态旅游的概念是在传统旅游的概念基础上，因旅游活动对生态环境造成破坏而提出的。在生态旅游的概念提出之前，加拿大专家克劳德·莫林于1980年就提出了"生态性旅游"概念。

生态旅游的概念为在保护生态环境的背景下进行旅游活动。这个概念被提出之后，很多国家积极响应，因此这种性质的旅游活动快速发展了起来。例如，在卢旺达的原始森林中，为了不打扰到大猩猩的正常生活，人们开始在远处进行观赏活动。这种旅游活动对环境的破坏非常小。

（二）自然性

谢贝洛斯·拉斯喀瑞于1983年在文章中首次使用了"生态旅游"这一概念，1986年，国际性的环境会议在墨西哥召开，这一概念得到了当时人们的认可。谢贝洛斯·拉斯喀瑞在1988年对"生态旅游"这个概念做出了全新的界定，认为生态旅游是一种旅游形式，旅游者能够在游览自然风光和文化风光时能够感受自然、接近自然。

国际旅游组织于1902年对生态旅游的概念进行了深化，认为生态旅游的目的是欣赏自然美学并关注自然环境。国际旅游组织对生态旅游概念的深化表明其更注重生态旅游的自然性。

（三）社区参与

在旅游行业的发展过程中，人们愈发向往回归自然，生态旅游逐渐获得了公众的广泛参与。很多旅游项目为吸引更多的游客都在考虑转变为生态旅游模式。生态旅游管理中的一些问题也随之显现出来。因此，人们必须对生态旅游的概念进行严格的界定，从更高的视角去寻找生态旅游的真谛。

在这样的背景下，世界自然基金会研究员伊丽莎白·布于1992年对生态旅游的概念做出了新的调整，认为生态旅游是欣赏自然风景、动物和相关文化，为当地人民大众创造就业机会，为公民提供教育环境，能够促进生态环境保护和可持续发展的旅游。

1996年，世界自然保护联盟提出了新的生态旅游的定义，即在一定自然区域中进行的有责任的旅游行为，为了享受和欣赏历史的和现存的自然文化景观，这种行为应该在不干扰自然地域，保护生态环境，降低旅游的负面影响和为当地人提供有益的社会、经济活动的情况下进行。

这些概念非常注重生态旅游的"保护性",为了提高旅游地点人们的生活水平,要更加注重生态旅游的责任性,为避免旅游地的生态环境受到损害,也为了给当地人民创造就业机会,为当地人民创造收益,要积极开展对当地的社会和经济活动有益的活动。

根据各个国家生态旅游的实际实践活动来看,发达国家和发展中国家生态旅游的核心内容都是"社区参与",这是开展生态旅游的一个重要方式。

四、生态旅游的特点

(一)生态性的特点

生态一词来源于希腊语,其含义是家或者是生活的环境。换句话说,生态是指生物的生存状态,以及生物之间和生物与环境之间的关系。

生态学这门学科的研究内容是生物以及生物与环境之间的关系。现如今生态学在多个学科之间都有渗透。生态旅游就是在生态学的发展之下产生的。

生态旅游在产生之初就和"生态"有着密切的联系。生态旅游的字面含义可以理解为生态环境旅游,生态旅游的本质是回归到自然之中,使人与自然之间的关系达到和谐。生态旅游的本质决定了生态旅游要充分利用生态学原理,对资源环境的开发和破坏之间的问题进行协调,从而导致了其规划原则、开发方式、活动内容、项目建设和产品设计等生态旅游的一系列环节和生态学原理都有着紧密的关系。

整个环境中的任何一个项目都需要具有生态功能,从而使整个生态系统保持良性运转,如在生态学原则的指导下划定各个功能区的生态容量,维持生态资源的潜在能力。

(二)限制性的特点

生态旅游这种旅游活动需要经过特殊的设计,为了保证生态旅游各种目标的实现,包括旅游者的高质量旅游体验、对环境影响的最小化等,限制性就成了生态旅游的一个基本特点。

一是对游客数量的限制,即要科学计算旅游区的生态环境承载力和环境容量,这就决定了生态旅游在特定的时空范围内是少数人的活动,生态旅游主要是使有较强的环境保护意识的人参与到其中。

《旅游业可持续发展:地方旅游规划指南》曾对这个特点做出过明确表述,"生态旅游代表了迅速扩展之中的旅游者细分市场,并特别吸引那些具有高度环保意识的旅游者""要吸引希望了解当地的风俗文化的游客"。这个观念表明了生态旅游的主要消费者是有明确的环保意识并对生态环境比较关心的游客。这说明生态旅游是一种高素质、高知识、高层次的旅游，这种背景的群体更乐意参加到生态旅游之中，也愿意为生态旅游做出贡献。

二是对旅游设施或建筑的限制，建筑设施应讲究规模小、体量小以及与环境相和谐。生态旅游应尽量保持自然属性，不要过度搞人工建筑，更不能使生态旅游区商业化。只有控制好旅游区的游客数量和建筑设施规模，才能保证生态旅游者可以获得一般大众旅游者无法比拟的特殊旅游体验。

（三）自然性和保护性的特点

1. 自然性的特点

自然性指旅游生态环境和文化环境的原始自然性。旅游者所到的旅游区域不仅有独特的相对原始的自然生态风光，当地的生活和文化也保留着自然原始的特有状态，在此基础上设计的旅游产品要符合生态环境特征，并让旅游者有与众不同的体验。

2. 保护性的特点

生态旅游在很多方面都体现出了保护性的特点，如生态旅游的设计者在生态环境的发展规律的指导下设计的旅游产品。生态旅游设计者要对旅游资源的经济价值形成正确的认识，对其进行投资，在开发生态旅游的过程中重视环境保护，提高旅游者的思想意识。

生态旅游虽然对生态环境的影响比较小，但是和传统旅游业相似的是，生态旅游也会破坏自然环境和自然资源。传统旅游业更加注重经济效益，生态旅游则更加注重对生态环境的保护。生态旅游是在传统的旅游形式对于生态环境产生威胁时提出的。因此，生态旅游和传统旅游之间最大的区别就是保护性。

生态旅游在旅游业的方方面面都体现了保护性。在旅游开发规划方面，生态旅游的保护性主要体现在遵循客观的生态规律；在旅游生态开发商方面，生态旅游的保护性主要体现在正确认识旅游资源的经济价值。

（四）可持续性和限制性的特点

可持续性体现在生态旅游要求旅游各利益主体对生态环境有高度责任感，符合可持续发展思想的要求。开发者、经营者在开发利用旅游资源时，需要遵循可持续发展思想的指导，要保证人类可持续发展的需求，不能过度开发资源；旅游者要树立正确的环境保护意识，把享受自然风光、人文文化与生态保护结合起来。

限制性体现在对游客量和接待建筑设施的限制方面。生态旅游是在特定的时空范围内开展的少数人的旅游活动，并应尽量保持其自然属性，这些选择对生态旅游的建设规模有决定作用。

（五）参与性和多样性的特点

生态旅游的参与性主要表现在两个方面，一是借助于生态旅游，旅游者能够切实感受到自然生态和文化生态；二是生态旅游能够将游客、当地居民、当地政府、社会人员都吸纳进来。

多样性体现在生态旅游活动的形式的多种多样中。在发达国家和地区，生态旅游的多样性已表现了出来，除了传统大众旅游的观光、度假、娱乐等旅游活动方式外，根据现代人的精神需求生态旅游出现了如观鸟、徒步、滑雪、探险、科考等一系列特种生态旅游类型。另外，一些逆境生态景观同样对高素质的生态旅游者具有较强的吸引力，如徒步穿越腾格里沙漠探险，乘坐古老羊皮筏的黄河漂流以及沙坡头治沙生态环保之旅等。

（六）高品位性和普及性的特点

1. 高品位性的特点

生态旅游的发展目的是高品位性，生态旅游的内容是接触自然、追求真实的自然和文化，追求"天人合一"的完美意境。生态旅游的高品位性体现在以下几个方面。

（1）生态旅游者旅游动机和旅游追求的高品位

在传统的旅游业中，旅游者注重感觉器官的愉悦性，追求生态景观的自然美。而生态旅游的旅游者则注重对自然景观的理解和对生命价值的追求以及对生态美的追求。面对文化景观，传统旅游业的旅游者更加注重人类的建设能力，但生态旅游的游客更加注重对人与自然之间的和谐关系。

（2）生态旅游者的高素质

生态旅游的高品位性落实到旅游者身上时，还体现为高素质和高消费的特点。高素质即指生态旅游者具有较高的文化、环保意识及精神需求，和传统大众旅游者相比，生态旅游的参与者多为特定族群，往往具有较高的文化素养和知识层次，受绿色环境保护思想的影响较深，已有一定的环保意识和回归大自然的愿望。

他们多是为大自然美景和奥秘所吸引，力图通过旅游从大自然中寻求自己人生的价值和人类的前途。他们知识广博，有较高的文化品位和生活品位，他们的人格比较独立，更加注重新的追求，是一批相当成熟的旅游者。同时，生态旅游体现在旅游者的消费上较传统大众旅游而言要高，换句话说，生态旅游的旅游者不仅要欣赏目的地的风光和文化，还要保护当地的环境。

（3）生态旅游产品的高品位

生态旅游者追求的高品位决定了生态旅游产品的高品位。生态旅游和传统旅游产品的主要不同是生态旅游产品更加注重"真"和"精"两个方面。

传统旅游的旅游产品是"粗放式"的，生态旅游的旅游产品则是精心设计的，是高质量的"精品"。生态旅游的产品体现出了较强的"原真性"，即为旅游者提供了原真的旅游产品和自然的旅游环境。

生态旅游的这种旅游产品不仅有非常高的美学特征，还具有自然特征和人与自然之间的和谐信息，因此，生态旅游产品能够提高旅游者的环境保护意识。生态旅游的产品还能够提供高质量的服务。

（4）生态旅游管理的高质量

传统旅游注重旅游项目的开发，但是对旅游项目的管理比较忽视，管理资金比较少，旅游项目的管理质量不高，旅游环境被破坏，旅游目的地特色及质量降低甚至丧失了对旅游者的吸引力，旅游者得不到应有的旅游享受而会逐渐丧失兴趣，造成不少旅游地逐渐衰败。生态旅游则相反，由于强调环境的原生态，在发展过程中重管理轻开发，把资金重点放在管理上，放在保护管理和服务管理水平的提高上（如定期开展环境监测），解决了传统大众旅游发展上的"缺后劲"的问题，使旅游地能够可持续发展。

2. 普及性的特点

在生态旅游的发展过程中，普及性有明确的体现，这也是生态旅游发展的一个趋势。在生态旅游的发展早期，多是接受过较高水平教育的和具有较高的文化素养的人参与到生态旅游之中。社会经济的发展使得生态旅游的参与人群发生了变化，社会公众也逐渐参与到了生态旅游之中，随着经济和文化的发展，生态旅游将成为一种势不可当的全球性旅游时尚。

（七）专业性和精品性的特点

1. 专业性的特点

生态旅游具有专业性的特点，这是旅游者的需求决定的。适应生态旅游者的产品应使旅游者享受大自然并自觉地保护大自然，这需要专业知识。同时，生态旅游也需要专业性的管理。

生态旅游这种旅游活动能够为旅游者带来高层次的精神享受，同时也对旅游地的环境质量有较高的要求，生态旅游的旅游产品要具有高层次的科学文化信息含量。因此，生态旅游的项目管理、项目设计要具有极强的专业性。生态旅游的设计者、规划者、开发者都要具有专业性。

生态旅游的资源和环境能够可持续发展的前提条件就是专业性。如生态旅游区的地质、地貌、动物和植物等元素要满足旅游者的欣赏需求，吸引旅游者到当地旅游，刺激旅游者的观赏，需要用专业的知识对这些元素进行设计，从而使旅游者能够在自然景观的观察和体验中获得满足。

而要实现这些目标，为生态旅游区配备具有较高科学文化水平的、高素质的导游或具有较高环境素养的环境解说员是十分必要的，生态旅游的高层次性体现在生态旅游以生物生态系统为中心，旅游的专业层次比较高。

换句话说，生态旅游的旅游者偏向于游览具有不同的生态学特征的自然景观，如陆地生态系统、淡水生态系统、海洋生态系统、城市生态系统等，旅游者会根据自身的兴趣选择生态旅游的具体活动。对于具有特别生态价值的生态景观，如火山、地震遗址、溶洞、冰川、古生物化石等，可以将生态旅游活动设计成科考活动，如珠穆朗玛峰生态考察、云南腾冲火山地热生态考察、巴西亚马逊热带雨林考察、中美热带雨林考察、东非森林动物考察活动等。这些旅游项目能够极好地体现出生态旅游的专业性特征。

此外，生态旅游对科学技术的要求也体现了其专业性的特点。生态旅游这种旅游形式需要具有一定的科学技术含量。生态旅游需要调查环境容量，形成资源信息系统，对生态环境进行检测，确定旅游环境容量等。这些活动都需要专业的科学技术作为保证。

在某些方面，生态旅游是一种知识密集型或技术密集型的产业。生态旅游的发展需要将科学技术作为基础。如果没有科学技术的支撑，生态旅游的发展方向将会出现偏差。生态资源的开发和利用也需要生态旅游活动的专业性支持，包括对旅游者的生态管理，对生态环境和生态因子的生态管理，对旅游设施、设备、场所的生态管理等，都必须依靠专业性的理论和方法。

2. 精品性的特点

生态旅游的精品性主要体现在生态旅游活动的开展上。生态旅游活动作为一种大众型旅游活动的替代方式，其具体开展要以使游客融入环境的自然方式分散地进行，以免因游客活动的过于集中而对生态环境造成破坏。因此，生态旅游活动一般是精品的、简单的、小规模的。

五、生态旅游的功能

（一）旅游功能

生态旅游的本质决定了旅游的功能。生态旅游和其他形式的旅游都是为了满足旅游者的需求，但生态旅游不仅仅是要满足旅游者的需求。生态旅游的一个重要特点是生态旅游区的科学性。生态旅游这种旅游形式比较特殊，生态旅游的产品设计能够满足旅游者的需求，使旅游者能够得到审美享受，但不会破坏生态环境，同时还能够促进环境保护。

（二）保护功能

发展生态旅游需要生态环境基础作为发展基础。高质量的生态环境能够为生态旅游的发展提供良好的土壤。

生态旅游不仅具有保护功能，同时保护也是生态旅游的基本理念。生态旅游在发展过程中需要坚持保护环境的原则，既要注重环境开发又要注重环境保护，从而形成可持续发展的旅游模式。

（三）教育功能

教育功能主要是因为生态旅游提供的是以教育、引导为主，寓教于乐的旅游活动，生态旅游能够为科普教育提供良好的科学教育和科学考察场所。生态旅游的教育功能主要体现在以下几方面。

①生态旅游扩大了教育对象。生态旅游的教育对象包括开发者、决策者、管理者等。

②生态旅游使教育手段得到了提高。生态旅游可使用现代科学技术向公众提供生态保护方面的教育。

③生态旅游具有更高的教育意义。生态环境能够提高社会公众的环境素养，而全民环境素养的提高将是人类解决生存环境危机的希望所在。

第三节 生态旅游的基本模式

一、功能分区模式

生态旅游地主要包括自然保护区、风景名胜区、国家公园、森林公园等生态环境较好但较脆弱的区域，为了减少生态旅游对这些区域生态环境的破坏，需要对这些区域进行功能分区。

生态旅游地一般会分为三个地区，分别为吸引物综合区、娱乐区、服务区。这三个区域之间需要有交通干道将其连接起来。旅游吸引物综合区由核心区、缓冲区、试验游憩区三个主要区域组成。其中，核心区是没有被人类干扰过的生态系统，具有独特的生态环境或文化景观，需要实施全封闭保护。缓冲区是核心区周围的地区，这片区域能够对生态系统物质循环和能量流动做相关研究。生态旅游的活动主要是在部分区域进行的，但需要控制旅游者的数量。试验游憩区的用途比较多，需要开展和自然保护区相似的工作。

生态旅游的活动形式非常丰富，包括游览观光活动、漂流、滑雪等。娱乐区中需要配备一些娱乐设施，供游客进行各种娱乐活动。服务区则需要为旅游者提供各种服务，如饭店、餐厅、商店等。

娱乐区和服务区有大量的旅游者在其中活动，机动车需要驶入其中。功能分区要对旅游者进行分流，从而实现生态旅游的可持续发展，并且要提高生态旅游的管理质量。

二、社区参与模式

（一）社区参与模式概述

生态旅游区的社区一般会形成鲜明的社区文化和优美的社区结构，承载着生态旅游的文化功能。因此，在开发生态旅游资源的过程中，社区居民要积极发挥主观能动性，开发新模式。

社区参与生态旅游发展的过程一般可以分为两个阶段，即旅游发展决策阶段和旅游发展利益分配阶段。社区的居民需要切实参与到生态旅游发展的决策过程中，要积极维护自身的正当权益。

社区参与模式能够使当地居民的正当权益得到保障，防止生态旅游的过度开发，保护当地的生态环境和当地文化，还能够提高当地人对于发展生态旅游的认同感，使当地的生态资源得到合理的利用。

（二）社区参与模式的两层含义

社区参与模式主要包括两层含义：一是社区参与旅游决策、管理。居民参与旅游开发决策，可以使居民在能否进行开发、如何进行开发等问题上，充分发表意见，从而保证了居民对生态旅游所持的积极配合态度。二是让居民从发展生态旅游中受益。居民承担了生态旅游开发及发展过程的各种隐性成本，如环境、社会成本、旅游设施等。生态旅游的发展经验证明，生态旅游项目的顺利建设需要当地的支持和帮助，尤其是社区的支持。对于经济发展比较落后的地区来说，发展生态旅游项目能够带动当地的经济发展。

由于各地社会间社会文化、经济的差别，各个不同地区、不同景区中社区参与旅游的程度出现了不同的层次。我国目前将社区参与旅游发展划分为了三个层次，即初级参与层次、积极参与层次和成熟参与层次。不同参与层次有不同的特点。

随着旅游业的发展，当地社区居民认识到了生态旅游带来的实际利益，其参与的积极性也越来越高，参与程度及参与意识也越来越强烈。

三、环境教育模式

环境教育注重人类与自然环境、人类与人工环境之间的关系，需要人们对生态环境保护、资源开发和资源利用有正确的认识。环境教育是城市发展和人类环境之间关系的教育。

环境教育的主要目标是提高社会公众对生态环境保护的认识。生态旅游对旅游地的生态环境有高度的依赖性，因此需要提高公众对生态环境的保护意识，保护生态环境。

生态旅游教育模式会和环境科普结合在一起，将生态旅游地的环境保护作为指导，积极设计生态旅游的旅游项目，提高当地居民的生态环境保护意识，以对生态环境负责的态度开发生态旅游项目，避免对生态环境的破坏。

首先，要在居民的日常生活中积极开展当地居民和生态旅游者的环境保护教育，使其认识到良好的生态环境和生态旅游的发展为其日常生活带来的好处；其次，要积极利用广告媒体等传播媒介，使用多种手段宣传生态环境保护的意义，宣传的内容要包含生态环境保护的有关知识和相关政策。

环境教育不仅可以提高人们对资源、环境、经济可持续发展的认识，还会培养出创建资源节约型、环境友好型社会所需的人才。国家高级教育行政学院于建福教授说："将经常性的有力度的生态环境教育列入跨世纪教育的系统工程，使所培养的新人在未来社会能理智而友善地对待生态环境。"

目前，各个层次的环境教育已经受到了社会越来越多的重视和关注，环境教育也已经成为一种全民教育、终身教育，渗透于整个社会之中。生态旅游的主要目标是提高当地居民和生态旅游者的环境保护意识，既要注重生态旅游的发展，又要注重对人们生态环境保护意识的教育，将生态旅游作为环境保护科普的宣传手段，如在自然保护区的游客中心、博物馆、动物园、植物园、高山、湖泊、森林、动物自然景观吸引众多的旅游者的同时，还应提供各种展览、影像、书籍、资料及专家指导等。

此外，设置一些让孩子们探索自然的森林游乐场和森林学校。自然保护区的植物园应尽可能多地种植各地的植物及本地历史上有过而现在已经消失的植物，并挂牌说明他的名称和特性。同时，在旅游地还要设置环保宣传牌、生态画廊，特别是人员解说等。如北京的香山公园有"践踏，会使小草枯萎"等警示语。这些警示语与自然协调，令人过目不忘。

四、生态环境补偿模式

在发展生态旅游的过程中，可以将生态旅游项目的一部分收入投入到旅游区的生态环境保护工作中，旅游经销商需要向当地有关部门缴纳费用作为环境消耗的补偿。这种发展模式能够弥补旅游对生态环境的破坏。

第四节 生态旅游与其他旅游形式

一、生态旅游与大众旅游

（一）大众旅游的内涵

大众旅游是一种传统的旅游形式，它强调旅游的"经济属性"或"经济性"，侧重经济发展，强调旅游对经济的贡献率，旅游的开发与规划均以经济指标为杠杆，以取得最大的经济效益为目标，而对于生态环境的保护与生态资源的可持续利用考虑得很少或根本不予考虑，甚至在旅游开发与环境保护出现冲突时，仍强调环境保护要让位于旅游经济发展。

因此，传统旅游认为自然风光是人类娱乐的对象，是一种供人们消费的商品。这种错误的观点会引发生态环境破坏、自然资源枯竭、气候异常、生态问题严重等后果，从而阻碍人类社会的发展。

（二）大众旅游与生态旅游的关系

生态旅游是一种特殊的旅游形式，从其本质上说，是针对大众旅游而提出的。生态旅游和大众旅游之间的差别主要体现在以下几方面。

①其基本原则是自然保护。生态旅游的收入会投入到旅游地的生态环境保护之中去。

②生态旅游是一种能够可持续发展的旅游活动，在设计生态旅游项目时要充分思考可持续发展的有关问题。

③生态旅游活动不仅要包括一些旅游项目，还要包括生态环境保护教育和生物多样性教育。

④生态旅游积极发展当地社区参与到旅游活动当中去，共同分享生态旅游获得的经济效益和生态效益。

二、生态旅游与自然旅游

自然旅游，简单地说就是单纯以各种自然资源和生态（包括风景、地貌、水景、植被和野生生物）为基础而开展的以经历和享受大自然为目的的一种旅游方式，如野外摄影、狩猎、垂钓、摩托车比赛等。

自然旅游注重使用自然资源吸引旅游者，同时注重利用自然资源和开发自然资源，但是这种旅游方式会对自然环境造成严重的损害。一般来说，界定某种旅游形式是否是自然旅游时，不必考虑文化、环境等方面的影响，只要考虑游客的出行动机和旅游活动本身就可以了，而生态旅游则是在自然旅游的基础上发展而来的专项旅游。它有着非常严格的规定，会涉及自然环境、经济、社会等各个方面的协调发展，实际上是一种可持续的自然旅游。

但是，生态旅游概念出现以来，人们往往把生态旅游和自然旅游混为一谈，认为"生态旅游"就是到自然中去的一种旅游活动。事实上，这两种旅游形式的基础都是大自然，但两者在对待资源与环境的态度上却有着迥异的区别。如潜水旅游可以被看作一种自然旅游，但它会对海底珊瑚造成破坏，不符合生态旅游的标准；而观鸟旅游或"森林浴"如果没有对环境造成破坏或干扰，即可被看作生态旅游。

三、生态旅游与可持续旅游

可持续发展的理论自 20 世纪 80 年代开始兴起，在将其引入到旅游业中后就形成了可持续发展旅游的思想。可持续旅游是所有能够维持环境、社会和经济完整性和自然的、人工的和文化的资源永恒适宜的旅游形式。可持续旅游就是"在自然资源的承载能力之内运作；尊重当地社区人们的生活习俗和生活方式，在享受旅游经历和旅游业的经济收益方面人人平等，并以目的地社区人们的愿望为指导的旅游"等。

由此可以看出，可持续旅游绝不是某种具体的旅游方式，而是从可持续发展的概念中引申出来的生态社会旅游业发展的基本原则和理念，这一理论和原则对于人类社会中长期发展的旅游形式非常适用。通俗地说，能够使经济发展、人类社会和生态环境之间保持和谐发展的旅游形式都被认为是可持续旅游。

因此，生态旅游和可持续旅游之间有相同点也有不同点。生态旅游能够将可持续旅游具体化，它是可持续旅游整个体系中的一部分，生态旅游和可持续旅游是整体和部分的关系。

四、生态旅游与替代性旅游

在生态旅游的概念提出之前大众旅游被称为"替代性旅游"，20世纪80年代，大众旅游出现了不良结果。除大众旅游以外的其他旅游形式还有很多种，这些旅游形式被称为"替代性旅游"，从而将其与大众旅游相区别。

这些旅游形式非常注重有责任性的社会和文化结果的生产，同时主张要对自然生态环境产生正面影响。但是这些旅游形式缺乏系统性和明确性，这些旅游形式能够给旅游地产生不良的影响，甚至破坏旅游地。因此这些旅游形式在发展过程中会逐渐转变为不可持续的旅游。

20世纪80年代中期，人们普遍认为生态旅游就是一种替代性旅游，从而使得生态旅游一词变得几乎没有意义了，这一观点认为，生态旅游作为替代性旅游应保持自然环境的良好状态，承认东道主社区的重要性。

因此，一般认为生态旅游是一种规模比较小，被旅游地的社区控制的一种自然旅游。这种旅游形式能够为当地的财政收入带来益处，并且有利于当地的文化发展和产业结构优化升级。到现在为止，欧洲仍把生态旅游称作替代性的乡村旅游。实际上，替代性旅游是个集合，是对有利于环境保护的旅游形式的总结，生态旅游是一种替代性旅游。生态旅游更加注重保护环境，充分体现了代内公平与代际公平，生态旅游是替代性旅游中发展最繁荣的一种旅游形式。

五、生态旅游与探险旅游

探险旅游的主要目的是追求新颖和奇异，是指进入受人类影响比较小的比较原生态的自然环境中，在比较危险的环境中使自己的意志得到磨炼。尽管探险旅游也可以成为生态旅游的一个组成部分，但两者之间并不形成必然的联系。探险旅游追求的是探险者自身价值的实现，注重的是精神享受，而生态旅游则是一种发现和学习自然野生环境的旅游，注重教育的意义和生态环境的意义。

生态旅游和冒险旅游的区别是旅游的保护功能，生态旅游更注重对生态环境与资源的保护，并会为此提供资金和人力等方面的支持，为游客提供一个与生态直接交流的机会，旅游者也会在旅游过程中加深对资源与环境的热爱。

第二章　生态旅游与可持续发展

生态旅游是一种旅游活动，必然会表现出经济价值、生态价值和社会价值，而生态旅游的实质是人与自然的相处。同时，可持续发展思想也开始向社会各领域逐渐渗透，慢慢掀起了一场世界范围内的可持续发展研究与实践风潮。本章分为生态旅游的理论基础、可持续发展的一般理论和生态旅游可持续发展的理论基础三部分。主要内容有生态旅游中对生态学的利用、演替、恢复与重建，可持续发展的概念、基本原则，地理学与生态学相关理论等。

第一节　生态旅游的理论基础

一、生态学原理在生态旅游中的应用

近年来，现代生态学有了很大的发展与广泛的应用。它的研究和应用拓展到了生态旅游领域，从而形成了生态学的一个分支，即旅游生态学。人在旅游生态学研究的生态系统之中，是整个生态系统的中心所在，而其他存在的生物只是以人的环境为基础而存在的。但是，对旅游者来说，该环境有着非常强大且特定的吸引力，所以与一般的生态系统是有区别的。

之所以研究旅游生态学，最主要的目的就是让生态系统一直尽量地保持在原始状态之中，让旅游在旅游目的中能够实现可持续发展。对旅游生态学进行内容研究后，主要将其分为两部分：其一，旅游者、旅游经营者和管理者的行为对生态系统的负影响及解决措施；其二，旅游生态学应用研究，通过对旅游区开发、生态和环境等意识的研究来实现旅游目的地的可持续发展。在生态旅游区所构建起来的旅游生态系统中，周边的自然生态环境可以说是最重要的环节，其中既包含了社会经济环境，还包含了自然地理环境等。

自然风景旅游区无论是大或者小，其生态系统都有两种属性存在，即自然与人工。其也是由很多相互依存、相互联系且互为制约因素的生物、非生物因

素所形成的统一整体，一旦其中的任何一个因素有了变化，那么其他因素在该系统内部也会有连锁反应出现。而自然风景旅游区内的生态要素，其物质交换与能量流动等都是依照生态学规律在进行改变的，尤其是一些有着丰富的生物物种，以及环境结构复杂的自然生态系统，它们之间相互联系与相互制约的关系体现得也就更加巧妙且复杂，物质交换与能量流动的方式、"渠道"也就更多。若生态系统结构越复杂，系统中自然储存的能量和物质也就越大和越多，这种系统对干扰的抵抗能力和恢复能力就越强，即自动调节能力就越强。但是，生态系统的自动调节能力和代偿功能是有一定限度的，当干扰因素的影响超过了其生存系统的阈值时，就会引起生态平衡失调。

旅游生态系统是一个多因子、多层次的综合性系统，其结构功能是十分复杂的，能为旅游者提供多方面、多层次的旅游目的。我们在开发建设旅游区时，应把生态旅游区看成一个整体，综合分析各种因素，采取一系列有效措施，尽力维护旅游区生态平衡，使旅游目的地的旅游获得可持续发展。

二、生态旅游的开发与规划

（一）生态旅游资源开发的概念

"旅游资源开发"这一词汇表示，这是人们为了增加与改善旅游资源的吸引力而参与建设的活动，一般也是指人们综合开发管理旅游资源以及其他相关领域的过程。这项活动属于经济和科技技术活动的范畴，其中主要包含资本投入、主体开发和按照开发的原则来对科学的技术方法加以运用，体现出了一定程度的科技水平。

开发生态旅游资源即是将社会、自然界里客观存在的生态旅游资源，通过旅游业以一定的经济技术活动加以利用，从而引导生态旅游者到目的地旅游的过程。或者说，其含义也是要将生态旅游转换为旅游吸引物，使得生态旅游等一些活动得以实现的经济技术活动。

（二）生态旅游资源开发的必要性及意义

1. 生态旅游资源开发是必要的

从旅游业的未来发展角度考虑，世界旅游业中实现最快发展的当属生态旅游，其也早已成为世界旅游的未来发展方向，以及21世纪国际旅游发展的趋势所在；而从全球旅游业发展角度考虑，旅游在西方国家眼中已经成了生态旅游开发的重要支柱。即使有些国家的经济并不是很先进，但是其保留住了原有的良好的民族文化与地域文化以及优美的自然风光等，并凭借着旅游业越来越强大的发展而获取了大量的外汇收入。目前，世界各国都在依照自身的国情、特征等进行调整，开展生态旅游，并将生态旅游当成在开发运行与使用区域方面起保护作用的最好方式。其不仅是对生态旅游开发进行保护的重要方式，同时也是对地方经济快速发展与自然保护事业发展有所促进的重要方式。

此外，自然地区的旅游业有很多都是自然保护区，而世界保护组织也在尽可能多地对自然地区的旅游业加以保护。如果是将保护区当成封闭的禁区看待的话，将造成巨大的资源浪费。而独特的文化、历史景观与自然风光等则基本都集中在了各种保护区之中，如果对旅游资源的开发不积极，那么将会严重制约着未来旅游业的进步和可持续发展。开发旅游资源不仅可以实现自然保护事业的可持续发展，还可以进一步加快缓解区域内居民的贫困问题，而在这一背景之下，将部分旅游业在保护区内进行开发，就可以将其作用加以完善，同时推动其发展，这也将是一个十分正确的选择。而自然保护区今后发展的全新方向，即为自然保护、旅游资源开发与经济发展的结合。

同时，世界环境与旅游业发展的保护意识越来越强，有更多旅游者愿意在旅游景点等地区接受直观的环境教育，这也是发展生态旅游的前提。在分析了国际旅游人口的特征后可以看出，区别普通旅游者与生态旅游者的依据已经不能完全凭借性别、年龄和文化程度了，生态旅游活动也已经开始朝着主流市场所欢迎的、接受的大众旅游方向发展，且已经不再是少部分旅游者的专利了。除此以外，在国际生态旅游市场的走势方面以及世界旅游系统之中，无论是旅游的收入还是人数，生态旅游都占据着十分重要的地位。所以，只有对国际旅游的发展方向以适应，才能使得中国的国际旅游业进一步实现更大的发展，其最重要的工作是开发生态旅游资源。

2. 对我国的旅游业发展有重大意义

①开发生态旅游资源能够使我国的旅游景点布局更快实现合理化。中国有着非常辽阔的土地资源且山区的分布也十分广泛，同时还有更大范围的自然生态环境尚未进行开发。但由于人们只是相对片面地认识了经济发展，旅游项目的建设主要是在东部与中部集中进行的，而西部宽广的自然景观并没有及时地得以开发。因此这两部分地区的旅游区始终存在着巨大压力，游客也因此并不被西部的旅游资源所吸引。景区布局经常会存在很多不合理的布局，而开发与发展生态旅游正好可以使其产生重大的变化，即对内陆资源进行有效的利用，将中、东部地区的游客压力缓解到最小。中国的西部地区属于交通运输不太方

便的地区，并且集中了一批没有开发的旅游资源，其经济也是相对落后的。加强西部地区的经济、社会与文化发展的重要行业之一就包含了旅游业，同时这也是中国旅游经济中新的增长点所在。

②对国民的环境保护意义予以提升，加强保护旅游资源。目前我国国民对于环境保护还没有非常深刻的意识，相较于其他西方国家来说，还是有很大差别的。人们开始认识到环境保护的重要性以及改变对其的看法，这都离不开生态旅游的作用，这样的转变能够使国家保护生态资源的意志更加坚定，同时也能更好地促进生态资源的合理开发与利用。

③开发生态旅游资源有助于我国经济更快的发展。生态旅游项目一旦开启，就一定会吸引到众多旅游者前去观光，当地居民的收入也会由此得到大幅度提升。并且，开发生态旅游项目对当地的投资环境也是一种优化，对交通运输的条件也是一种改善。也正是因为优化了旅游条件，在极大程度上满足了旅游者的部分需求，而旅游区也会得到较为可观的社会、经济收益，因此才会推动资源的合理使用，促进循环经济朝着良性方向发展，完善服务设施以及增加游客人数。

（三）生态旅游资源开发原则

这一原则指的就是旅游开发活动中应当遵循的指导思想以及生态旅游资源进行开发时需要注意的重要问题。生态旅游资源开发作为经济活动来说，其在进行资源开发时要想取得成功，就必须尊重旅游经济活动原则。从国内外生态旅游发展实践来说，在进行规划与开发生态旅游时应当注意的原则有以下几点。

1. 永续利用原则

人们在之前的很长一段时间中，只是重视数量与规模，经常对生态旅游开发的质量有所忽视，在其规划方面也采用了低标准，而这些做法都会或多或少地在一定程度上将旅游者对于人文生态环境、自然生态的向往打破，而且这种发展就长远来说也会对中国旅游业的可持续发展有严重的制约。20世纪90年代，人们已经明白，不管是哪一个旅游景点的自然资源，如果想让其本来的魅力得以继续保持，并且能够存活于激烈的旅游市场竞争之中，"可持续发展的永续利用"即核心所在。"可持续发展的永续利用"观念对发展旅游业来说，是打开了一条以满足旅游资源开发需求为前提，同时能够保持资源地区的原有风采，以及对资源地维持生态平衡发展的新思路。

为了使旅游业的可持续发展早日实现，就应在旅游资源的开发与规划上始终遵循"永续利用"原则。人们在开发旅游资源时，首先应考虑到当前经济的需要，以及将来子孙后代的需要，并且保证这样的做法并不会伤害和威胁到下一代人。通过对社会、经济与生态收益进行协调，从而能够让当代人用最低的代价就可以最大限度地对旅游资源进行使用，同时也照顾到了后代未来的利益。

永续利用的发展，其存在的基础一定应是"人类的实践的延续性"原则。这并不是指一种时尚，这是一种用来表现人民群众的智慧以及朝着21世纪发展的策略。其替代了曾经的那种传统旅游资源开发理念的非理性行为，随之建设出了充满活力的、健康有序的绿色模式，使之进入了一个崭新阶段。

2. 保护性开发原则

要想使旅游资源长期可持续地发展，就一定要对旅游资源加强保护，保护也是为了今后的开发。长期以来，人们几乎并没有处理好资源开发、环境保护之间的关系。的确，要开发旅游资源，不动一草一木是不可能的。所以，从一定意义上来说，关于旅游资源，特别是开发自然的生态旅游资源，其本身就代表了会在一定程度对其进行破坏。但按实际来说，因为旅游业发展有所需要，所以人类完全就可以通过不断完善的设计和详细的规划进行开发，并在开发的同时对旅游资源进行保护。在开发与管理生态旅游资源时，应当以保护作为前提，开发与资源保护要同时进行，开发后所取得收益的，也将会用于资源保护。但是，如果二者发生冲突，是绝对不可以否定任何一方的。生态旅游资源保护应当始终是生态旅游资源开发的基础，对它的保护也就意味着保护了旅游业，这是因为只有国家、地区拥有了旅游资源，这个地方才能进行旅游业的开发，同理，只有具有了生态旅游资源，才能进一步开发生态旅游。分析生态旅游资源的特征，一些自然生态旅游资源主要来自可再生资源，如植被和水资源等，当它们遭受了一定的破坏，可以借助自然规则来进行恢复，但会十分耗费时间和精力。人类的文化遗产中，有很大一部分是人文生态旅游资源，其中很多都遭到了摧毁并无法再生，还有一部分哪怕复原到以前的样子，其存在的意义也都与以前大不相同。而让生态旅游资源拥有深远的历史与现实意义，就是保护性开发原则的意义所在。

3. 特色原则

（1）原始性和自然性

生态旅游资源有着自然性与原始性的特征，这是区别于一般旅游资源的重要特征。在开发了资源之后，除了需要对原有特色进行保持，更重要的还应多多重视未来的发展，不能因为开发就破坏掉或是改变了其本身具有的特征。在开发自然生态景观区方面，需要使其原有的面貌有所保留，还要凸显出其自然特征和原始特色，从而进一步展现出大自然的魔力以及非凡的自然性。对文化生态旅游区进行开发时，应当将其本身就具有的文化底蕴展现出来，对当地建筑进行修建，但要注意不应过多地对其进行修饰，更不要破坏其原始风貌。例如，九寨沟自然风景区风光自然、朴实，富有诗意，而其对自然特征最原始的表达就是它本身最鲜明的特征了。经过了长时间的开发与景区运作，九寨沟体现出了它原本最真实也是最独特的特点，在风景区，即使有新的点缀与设施，也能够很好地融合进整体环境之中，并没有让人觉得很多余，这样的开发遵循了旅游资源的特色原则。但是，旅游业的开发也有失败的案例。例如，将一座色彩夺目的大牌楼建在森林公园的重要道路上，并且林中的其他地方也建设了一部分现代的建筑，那么周边的森林就会跟这些建筑形成巨大的反差，这样的开发会毁掉整个森林公园的风景。事实上，如果只用体积较小的木头、石头等，搭配上一些别致的颜色，将牌楼和建筑融入自然景观中，那么效果就会不一样。

（2）民族性和地方特色

旅游者去往别的国家游玩的目的除了放松玩耍外，更重要的还是想去看一看新事物，去体验一下异国文化，可以想象，如果自己本国的旅游环境和当地是差不多的话，旅游者也就不会被吸引而大费周章地跑过来了。所以，在生态旅游开发与设计项目时，应该将当地的民俗文化特色充分地展现出来。如果想要国外或外地的旅游者被当地的生态旅游资源所吸引，那么就一定要体现出民族性，还要体现出当地的一些地方风情与文化特色。

4. 协调性原则

生态旅游区能够吸引旅游者的一大原因就是旅游区景点、景观的自然形态和野趣等。所以，基于这样的大生态环境，在开发生态旅游资源时就应与自然形态和野趣相协调，这样一来，不仅能让旅游资源的特点充分突出出来，还能够形成旅游资源整体美，让旅游者可以自由舒服地旅游。因此在对旅游线路进行规划和设施分布时，应当尽可能地不去污染环境、对自然环境景观不进行破坏以及不影响物种的生存与繁殖，始终维护与保持生态的完整性与安全性。

按照在区内玩和在区外住的原则，景区内是不能建造酒店、宾馆与各娱乐设施的，同时对旅游的活动区域也要进行限制与严格把控。景区内部不能修建人工与文化景观，尽量不要修建不必需的缆车、索道和寺庙等，但如果一定要修建，那么应与周边的景观基本做到协调一致。例如，福建省的武夷山就拥有着非常美丽的自然风光，在对这一项目进行开发的时候，人们非常重视其协调性。所以，他们就建造了一些一定要存在的人工装饰品与设施，使其看起来与自然是协调的，而在设施的建设中，他们会尽量使目标的建设体积小一些，不和自然物抢占空间，尽量不让建筑物直接进入旅游者的视线，时隐时现，虚虚实实，不破坏原来的风貌，修建项目时，在建筑风格上，脱离国外风格建筑的影响，去建造竹楼、小屋等，使其互相协调。

当然，小屋、竹楼并不是用真的竹子建造的，只是外观形似竹子，同时其也不排斥现代化的设备，如配备卫生间，安装暖气和空调等。在建筑物的颜色上，淡淡的颜色与景色一致，让人感觉很舒适。总之，武夷山风景名胜区的做法是非常有见地的，其经验值得学习。遵循协调性原则对开发生态旅游资源具有积极的作用。

5. 经济收益、社会收益和生态收益相统一原则

市场经济追求的是利益最大化，生态旅游作为其中一种旅游方式，目的也是追求更大的利益。这种利益除了指向经济利益以外，还表现为社会、生态的利益。

传统开发旅游资源时，经常会注重三大收益，即以经济收益为主，以生态收益和社会收益为辅，但生态旅游需要实现这三者的统一。即使经济收益有其独特的重要性，但是实现经济目标不能以对生态环境的损坏为前提，这三方面需要得到高度的协调和一致，经济收益价值要小于生态收益和社会收益。在生态收益、社会收益、经济收益三者出现矛盾的时候，生态收益和社会收益高于一切，经济收益一定要服从于上述两种收益。并且从实际来说，当社会收益与生态收益实现最优化与最大化时，它的经济收益也将会是非常可观的。究其原因，有以下几点。

首先，生态的收益是生态旅游资源开发最应该重视起来的。这就要通过对旅游资源的开发让植物受到一定的保护，让美景更美，植被的覆盖率要更高，空气也要更加新鲜，只有这样才会吸引更多的旅游者，提高经济收益。

其次，社会收益也应该是开发生态旅游资源特别需要注重的。适度地开发生态旅游，将会在促进文明生活方式的形成、增强人们的环境保护意识和增加生态科学知识方面有积极的作用。

最后，生态旅游资源的开发要关注经济收益，包括开发者的经济利益、保护区的利益和当地居民的利益。可通过收取旅游者门票费的方式来增加景区收入，对当地的居民进行鼓励，让其参与到开发旅游业之中，为其提供就业机会，从而提升他们的生活水平，又或是对他们进行补偿，补偿费用就来自旅游收入。

三、建立良好的旅游生态系统，维持生态平衡

旅游生态学这门学科具有综合性特点。目前，在生态旅游区如何建立、维护或恢复完整的旅游生态系统，是该学科的一项重要研究任务。

（一）因地制宜地建立生态旅游区的生态系统

1. 按生态学规律规划旅游区

景观与生态环境是相互作用、相互影响、相互制约的。例如，九寨沟的日则沟，早期与附近其他沟谷类似，水流在沟谷中流淌。由于冰川退缩，加之区域内地震频繁、参天大树倒伏、水流速度减缓等，地形进一步变化，钙化沉淀并逐渐加高钙化堤坝，向前推进以至形成了今天由溪流瀑布串连成的谷中湖群风光。为此，应按生态学规律去规划生态旅游区，使生态旅游区生态趋于平衡、稳定增值，可持续利用。另外，若原始景观结构尚未完善，则应从生态人文美学角度加以提升。

2. 单调景区应模拟生态系统完善其结构

单调景区及人工生态系统的旅游区，不但景观显单调，而且生态系统也很脆弱。对此情况，应模拟生态系统的结构，完善其功能。生态旅游城市应向自然化、生态化发展，达到人工环境和生物环境的耦合。前者为非生物结构，应扩大后者才能发挥生态功能。城市自然化、生态化的过程中，生物物种是能量物质流动渠道，发挥生存功能之后，脆弱的城市生态就会日趋稳定，生态旅游城市功能才可持续发展。

（二）突出生态旅游区生态结构的特征

生态旅游区中的自然生态尽管有独具的优点和功能，但不皆具景观特征。生态旅游区景观美应独具特色，其特色即中心结构，应给予突出发展。

1. 以植物为中心

如蜀南竹海地平而湿，垒无脉，掘水临滨，却突出数十种婀娜多姿的竹类，发挥了生态美学功能，历来游者有"难识庐山真面目"之叹。究其因，中心结构在于竹林。有林则雨泉溪瀑长流，诸峰回环，闭郁水气，加上温差，始出现云雾虹岚，穿树绕峰隐蔽匿庐面目。

2. 以动物为中心

如辽东半岛南端海中蛇岛，因狂飙拽折仅存灌丛，丛中繁殖昆虫，昆虫信息诱铁山之候鸟，鸟供蛇食，粪沃灌丛，蛇于枝下，促使灌丛密茂。形成了以

蛇为中心的系列食物链。有人将陆鼠引入蛇岛，拟转移食物链；岛蛇不食陆鼠，鼠繁而毁灌丛，阻碍虫的繁殖；虫的消长影响了鸟的招诱，终于影响了以蛇为中心的生态结构。故旅游区生态中心及食物链只可保护完善，不可破坏。

3. 以水为中心

湖溪塘库旅游区，污水落叶等，使水寓营养化而耗氧，致水生动物绝迹。应完善水生生态群体结构，发挥群体生态功能，才能保持水域旅游景观。四川安县白水溯水域的生态结构功能是腐殖入水繁藻，藻多养鱼，鱼类繁菌，并促进植物、水虫繁茂，则鸭可栖居。完善了水域生态群体结构功能，成了著名的生态旅游区。

（三）充分重视生态旅游区宏观生态系统

1. 生态旅游区生态系统要形成开放系统

生态旅游区生态系统并非单独存在的，区内生物间、生物与非生物间既相互作用，又与区外联系，形成了开放系统，欲发展生态旅游区生态系统，必须进行宏观考虑。桂林风景，山则石笋林立，水则山峭濒江。若受移动型煤烟和工业废水污染，则山失青黛之色，水失碧波之翠。因此应宏观考虑，广植森林，治理污水，使区外森林净化大气，调节区内气候水量，灌丛昆虫，招留飞鸟，方能保持"江作青罗带，山如碧玉簪"之特色。

2. 重视生态旅游区宏观生态系统的支柱

水源是水体旅游区生态支柱，应宏观培植水源林。例如，西昌邛海是四川著名的天然淡水湖泊，邛海支柱是地下水源，除应加强湖滨绿化工程外，应宏观考虑保护其源头，稳住候鸟，防止湖泊向沼泽演替。又如，四川省区域地质调查队研究表明，九寨沟内长海流域每年约32%的水量，经断裂形成的地下缝穴，自剑岩上游进入日则沟，而则查洼沟还有相当部分的径流沿下季节海—珍珠滩向断裂于珍珠滩段补入日则沟。因此，保护好长海流域的森林，不但直接影响着则查洼沟的水流变化，而且也影响着日则沟的水流变化。

（四）重视环境容量发展生态旅游

1. 环境容量概念

环境容量的意思也就是环境承载力，指的是在一个时期内的某个条件或某种状态下，该地区的环境能够承受、容纳的人类活动作用的阈值。其中，某种条件、状态是指在虚拟或是现实的环境结构之中，不会发生任何改变的前提条件；而能够容纳的意思则是指在对环境系统没有任何影响的情况下，发挥其正常功能的条件。所以，环境本身就拥有的自我调节功能的量度就是环境容量，其一般可以通过人类活动的强度、方向与规模等来进行反映。

2. 扩大基本容量方法

其原则是发展区内生态系统。首先，应考虑尽可能地使地形复杂化，依脉垒山，因坡展麓，以潭扩湖，随渠折溪，高宽深折多向发展。其次，按地势扩大建筑容量。常见依山为台，因谷为园，将高山、低谷、丘台、江石、云栈、梯径、峰壑，用建筑连成园林。最后，用植物扩大环境容量。这是旅游区常用之法。四川翠云廊景区的"三百里行程十万树"，即是用植物扩大环境容量的典型。

3. 划区保护，稳定环境容量

将生态旅游区分为中心区、缓冲区、外围区。外围区要制定管理条例，使"三废"、化肥、农药不波及缓冲区生态系统。完善缓冲区生态系统结构，建防护林阻滞外围区移动型污染源冲击中心区，对中心区严加保护。

四、生态旅游区生态系统的干扰与演替

生态旅游区自然景观和生态环境在其形成与发展中，存在着各种各样的干扰，它可使生态旅游区生态系统特征发生变化，若这种干扰超越了生态系统正常波动的范围，生态旅游区本底资源就会受影响或"突变"，这种变化将导致景观不同程度或完全的改变。其主要原因是产生了障碍与变化的生态系统结构、功能，并将原有的旅游区生态系统平衡状态予以打破，形成了原循环位移或恶性循环。对生态旅游区有所干扰的因素基本分为两种类型，即自然干扰与人为干扰。对生态破坏来说，自然干扰的影响常常是偶然发生或者发生在局部的，但人为干扰是在自然干扰之上，能让生态旅游区域中的整个生物种群、自然景观、生态环境都遭到破坏。

受破坏的生态旅游区生态系统恢复过程的关键，就是被干扰后演替的恢复。自然干扰一般是使生态系统经历漫长的岁月"返回"到生态演替的初始状态。一些周期性的自然干扰会成为生态演替的动力，也会让生态系统呈现出周期性的演替，生态环境和生物种群在生态演替之中，其在变化和适应过程中会慢慢实现动态平衡。但是，生态演替中人为的干扰是大不相同的，它在其中起到的常常是加速的作用，演替方向也在随之发生着改变。生态系统中人为干扰经常会出现各种现象，这些都是在生态环境改变后人们很难预料到的结果。例如，

承德旅游区在自然干扰和人为干扰下（后者为主），生态系统的结构和功能发生了位移，位移强度破坏了原系统的阈限，呈不稳定性的破坏波动，生态演替逆向发展，导致旅游区生态环境恶化。又如，避暑山庄始建于1703年，兴建山庄和外八庙的建筑材料取自当地山林。随着人口的剧增，为生计所需，农牧业发展了起来，人们开始伐林毁草，人们饮食所需之薪材均须依靠伐木取草而获，致使天然植被群落被破坏殆尽，森林覆盖率下降。由于人为破坏干扰，山林退化为了不稳定类型，造成现今生态系统结构简单，物种单一，各种动物及鸟类失去了栖息环境的后果，使区域生态景观恢复较为困难。

第二节 可持续发展的一般理论

一、可持续发展理论的概念与内涵

（一）可持续发展概念

可持续发展观念的形成既可追溯到古代的哲理精华，又蕴含着现代人类活动的实践总结。1980年发表的《世界自然保护大纲》明确提出了可持续发展的概念，是由世界自然保护联盟、野生动物基金会以及联合国环境规划署共同发布的。正确地对人与人、人与自然之间的关系做处理是可持续发展的核心所在，但是因为研究者不同，所以他们的理解与所强调的侧重点也都是不一样的，继而也就出现了多种不同的可持续发展定义。单是与可持续发展相关的定义就有100多种，刚开始一般会认为在社会经济发展的同时，还应改善与保护生态环境，促使经济协调和环境共同持续发展。但人们现今则能够更加深刻地感觉到对经济发展和人类社会来说，生态压力的影响是非常严重的，因此其内涵又将得到进一步的延伸。

关于可持续发展的定义，从自然学科的角度看，首先就是生态持续，即对环境系统进行加强与保护的生产、更新能力。可持续发展就是力求寻找到一种非常适合的生态系统，用来实现人类愿望与生态完整性，以此来让人类的生存环境能够持续发展下去。

对可持续发展在科学属性方面进行定义，就是说可持续发展是用来建立极少污染物与产生废料的技术系统与工艺。除了管理与政策，在实施可持续发展中，科技的进步也有着非常重要的作用，如果人类失去了科学技术的支撑，那可持续发展也就无从谈起了。

可持续发展在经济属性方面的定义核心是经济发展。经济发展的存在在可持续发展的定义之中，已经不再是单纯地以牺牲环境、资源为代价，而是要保证不减少世界自然资源，不破坏经济发展，而且这样的发展要能够确保当代人的福利，同时也不会使后代人的福利减少。

影响最大并被广泛接受的是1987年以布伦兰特夫人为首的世界环境与发展委员会发表的报告《我们共同的未来》中的关于可持续发展的定义。可持续发展所包括的含义有以下三方面：第一，可持续性。无论是何种事物，其可持续性应在时间和空间上永远地连续，同时这样的连续性在人类社会也要依旧保持得住。第二，可持续发展。发展不仅要增长经济，同时还要保护资源与使环境不受破坏，要能够将资源的利用率提升上来，满足人类持续发展的要求。第三，可持续利用。就是说利用的可再生资源要始终在其可以更新的限度以内，只有这样才能长远地对其进行利用。

联合国于1992年召开了"环境与发展大会"，通过了一系列将可持续发展作为基本核心的文件。之后我国还将可持续发展列入了我国社会与经济发展目标之中。还有中共十五大、十六大的召开，分别都对可持续发展战略进行了定义，中共十八大报告提出了2020年全面建成小康社会的宏伟目标，绘制了建设"美丽中国"的发展蓝图，把生态文明建设放在突出地位，生态文明就是要将可持续发展提高到绿色发展的高度上，而可持续发展战略是中国经济和社会发展的内在要求。党的十九大将"坚持人与自然和谐共生"纳入发展中国特色社会主义的基本方略中，指出"建设生态文明是中华民族永续发展的千年大计"，具有划时代的意义。

（二）可持续发展产生与兴起的原因

1. 世界人口的急剧膨胀和城市化的巨大压力

威胁着人类可持续发展的主要是人类自身没有节制的生产，近一个世纪中，人口增长的速度和世界范围内城市化的快速发展使得已经负载了几十亿人的地球处境越来越艰难。

有统计表明，公元元年到18世纪末，地球平均基本上大约350年就会增加1亿人口；而19世纪，平均每10年就会增加1亿人口，当时世界人口总量大约为17亿；到了20世纪，由于各国人民生活水平的长期升高，以及医疗卫生事业的不断发展，人口总量的上升速度更加惊人。据推测，全球每年增加的人口数量将保持在8600万以上，按照科学家的分析，人口数量将会在2080年到达峰值，到了21世纪末期会下降一点。要同时养活这么多人口，地球的生态系统承受着巨大的压力。

不仅如此，在经济全球化的大背景下，世界城市化的步伐不断加快，特别是发展中国家，很多农村人口都到城市之中寻找机会，使得城市的人口快速膨胀，在很多方面，如住房、就业、安全与供水等方面都有很大压力，特别是城市化进程的不断加快，使得全世界迅速传播着这种消费方式。由于人们生活水平的不断提升，以及工业化的不断发展、人口数量的增长、消费水平的快速上升等，都会最后形成对排放环境废物水平、自然资源消耗的倍增效应，这样将会更加明显地给自然资源与环境造成压力。要特别指出的是，其中对我国来说，人口增长带来的压力尤为明显，人口庞大的基数、过快的增长速度、独特的人口结构和较低的文化素质等特点，对环境、资源的压力都很大。

（1）人口急剧增长，耕地不断减少

世界总人口中，中国人口数量的占比约为22%，但在世界总耕地面积中，中国的耕地面积只占7%，这就说明我国人均占耕地的资源较少。因此，我国一定会增强土地的利用率，所以土地所要承受的压力会更大，这种无限制的加大土地压力的行为会使其生态平衡变得更脆弱，其后果是加重水土流失、生态平衡严重失调、土地沙漠化逐渐蔓延以及土壤的肥力降低等，更加严重的后果就是频繁地发生自然灾害，掠夺性地开发自然资源，这必然会遭到自然界的报复。

（2）人口增长使森林资源承受过重的需求压力

中国人均拥有着很低的林木蓄积量，林业部门为了满足经济建设与人口增长的需要，其生产任务非常艰巨，采伐量在长时间以来也是居高不下，已然造成了开发林严重过伐，资源枯损。

（3）庞大的人口给矿产资源造成的沉重压力

虽然中国的矿产资源总量非常丰富，但是人均占有量却很少。整体上来看，人均矿产资源的占有量还不到世界平均水平的一半。在人均矿产消费较低的情况下，由于人口基数大，使我国在很低的发展水平上就成了一个矿产消费大国。这样沉重的矿产资源需求压力，除了会让资源供给的局面时刻处于一种紧张的状态，同时也引发了很多十分严重的生态环境问题。

2. 自然资源与生态环境的严重破坏

在人类文明进程中，生产规模在不断扩大，科学技术也在不断进步，地球的自然资源也被过度地消耗掉了，同时使传统的发展模式遭到了挑战，自然和人类的矛盾问题变得越来越突出。如今在人类社会中影响最大也最为紧迫的环境问题都有：臭氧层的破坏、气候的多变、大气污染、森林锐减、水资源短缺、土地荒漠化以及固体、危险废物污染等。

人与环境的和谐程度基本可分为五个层次,即适应生存、环境安全、环境健康、环境舒适和环境欣赏。从和谐程度上说,这五个层次是逐渐递增的,这是对人类和环境互相作用进程的总结,同时也是现在世界的不同国家、地区中,人和环境的关系的真实写照。

3. 经济发展和技术进步为可持续发展提供了物质支持

不管是清洁生产技术的推广,或是对环境污染的治理,在源头处减少"三废"的排放量,或者是对废弃物的回收、循环和再利用等进行加强,资金投入的必要性以及在经济上可行的技术支撑,在可持续发展的建设中属于两个必不可少的重要条件。

如今在很多经济发展较快的发达国家中,除了政府会将更多的资金投入到环境保护的技术开发之中,还有很多实力和资金都非常雄厚的企业,也都争相投入了巨大的资金,以适应未来市场的需求,开发并实施企业绿色的营销战略。最近半个世纪的新技术革命,特别是新能源技术、现代生物工程技术等都在不断发展中开发了一系列能够节约能源、减轻环境污染和能进行资源替代的实用技术,这对人类社会可持续发展来说是一项极其重要的贡献。

在可持续发展的技术条件与资金方面,占有很大优势的就是发达国家,但对于众多的还没有完全摆脱贫困的发展中国家来说,技术的落后与资金不足是其发展可持续战略的很大障碍。那么,发达国家在有能力且有义务的情况下,无论是从技术角度还是从资金角度出发,都可以去帮助支援发展中国家,承担它们在全球可持续发展中的特殊责任。

4. 理论研究为可持续发展提供了智力支撑

可持续发展的战略思想是在传统的发展模式暴露出多方面弊端,并难以为继的情况下提出的。因为资源环境和人类发展间仍存在着极大矛盾,为了破解这一难题和谋求人类长期发展的途径,自20世纪50年代起,世界各国的许多科学家从不同角度进行了不懈的努力和探索,众多学者系统地对国内外的循环经济、绿色经济、生态经济、低碳经济、新能源、节能减排等方面进行了深入研究,探讨了可持续发展的动力机制与实施途径,推出了许多最新成果和政策实践。理论研究为可持续发展快速兴起提供了智力支撑。

总而言之,可持续发展是在人类的社会发展因为一系列的外在压力,即人口增长过快、自然资源被严重破坏、全球范围的城市化发展迅速等开始兴起的,在经济发展陷入困境时,少数的学者提出,再由各国际机构的推动而形成的一场全球性国际运动。可持续发展作为人类社会发展的崭新模式,符合人类追求美好生活的内在需求和美好愿望,对人类社会的未来发展具有重大而深远的影响。

二、可持续发展思想的提出

工业革命催生了现代文明,创造了巨大的物质财富,与此同时,人类也以人定胜天的主人翁姿态,在背离了环境保护、经济增长的路上走了几百年,掠夺式地向大自然索取资源,肆无忌惮地向大自然排放废物,走了一条以牺牲生态环境换取经济增长的道路。这种不为以后留任何余地的做法,使全球性的生态资源遭到破坏,甚至已经危害到了人类的生存环境。20世纪60年代以来,人类在大自然负面回报面前越发清晰地认识到,经济发展不可能脱离环境问题而独立存在,原来存在的发展模式对在环境基础上依存的经济发展进行着侵蚀,而逐渐退化的环境也对经济发展的速度起着削弱的作用。所以,人们会更多地去考虑怎样才能对经济发展的模式进行改变,从而对经济、环境之间的不和谐关系起到协调作用,确保社会经济的可持续发展,也因此,可持续发展理论应运而生。

具体说来,可持续理论的产生主要得益于两本具有划时代意义的书。一本是由美国海洋生物学家蕾切尔·卡逊所著的《寂静的春天》,另一本是由罗马俱乐部于1972年出版的《增长的极限》。

卡逊在《寂静的春天》一书里展现出了在地球生态中,环境污染对其在广度、深度方面的影响,同时对人与自然间需要建立的"合作与协调"关系进行了强调。此书被称为一本"20世纪里程碑式的著作",使得政府改变了对环境问题的政策,对环境运动起到了极大的推动作用。因此该书出版后,立即引起世界各国人们普遍的关注,并很快被翻译成了各种文字,广为传播,而《增长的极限》一书则警示性地罗列了经济增长所引发的种种环境和资源问题,将环境和相关社会经济问题确切地提升到了"全球性问题"的高度,从而对其进行认识,这也是此书最重要的意义所在。

联合国人类环境会议在1972年6月于瑞典首都斯德哥尔摩召开,这也是首次在联合国对环境保护问题进行研讨的会议,意味着全人类对环境一类问题已经觉醒。会议成果主要体现在两个文件中——《只有一个地球》和《联合国人类环境宣言》。这一会议也首次将环境问题的这种紧迫与重要性摆在了各个国家的政府面前,并准备从全球的范围内出发,让全球的人类都开始重视起环境问题。但是,必须指出,发达国家在当时对于环境问题的重视并没有得到各发展中国家的响应，还是仍然有很多的发展中国家不清楚环境污染将会对未来人类社会造成怎样的影响，而盲目地认为这只是发达国家需要苦恼的问题。

联合国在历史上的一次空前盛会，即联合国环境与发展大会在1992年6月于巴西的里约热内卢举行。当时参加这次会议的有170多个国家代表团，这次会议之中，在环境与发展等问题上国家社会间达成了共识，接受了可持续发展思想的重要纲领，并且表明，在该类问题上，发达国家和发展中国家需要承担的责任既是共同的，也是有区别的。而且会议还在文件中通过了一系列的原则，这些原则在国际上也都成了用来处理环境与发展问题的重要准则了，并且也已经有很多国家将可持续发展战略看作其指导思想与战略选择。

三、对可持续发展思想的理解

对可持续思想的理解，也是一个由浅入深、不断深化的过程，现在得到普遍认可的定义是布伦特兰夫人在《我们共同的未来》中提出的，并在1992年里约热内卢联合国环境与发展大会上得到公认的定义，也就是既要对当代人的需要进行满足，又不会对后代人为了满足自身需要而进行的发展有所损害。其主要指的是，应当采取有效的资源管理来发展经济，使更新的速度赶超资源的使用速度。从对再生速度较慢或是不可再生资源的利用，转为对再生速度较快或是可再生资源的利用，以此确保现代社会、将来社会在发展中有充足的资源可以利用。它的前提就是要发展人类赖以生存的环境、资源，采用不破坏和少破坏的方式，以及负责任的行为实现健康经济的发展，要建立在社会公正、生态可持续与人民对自身发展决策进行积极参与的基础之上，这才是其核心思想所在。具体来说，可持续发展主要包括下列三层含义。

首先，经济的可持续。可持续发展始终坚持对经济增长予以鼓励，这是因为代表一个国家的强盛国力与充分就业的根本保证就是经济的发展。但是可持续发展不只对经济增长的数量加以重视，还对其经济发展的质量更为关注。必须要改变由西方工业化过程中所延续下来的"高投入、高消耗、高污染"的生产模式和消费模式，以此实现生态效益、经济效益、社会效益之间的结合，要真正实现地球资源的永续利用，为后代留下宽广的发展空间。

其次，生态的可持续。可持续发展是对经济发展和自然承载力的相互协调。在发展的同时要对全球资源进行保护，对环境质量等进行改善与提高，使其同时满足当代人和后代人的需要。

最后，社会的可持续。可持续发展是一个复杂且巨大的系统，人是能动的主体因素，而人的全面自由发展则是其核心所在。人的全面发展不仅可以作为可持续发展的起点，也可以说是可持续发展的归宿；不仅可以当作表现形式出现，还能被当作实质内容。人类得以生存与发展的载体即为社会，而可持续发展的本身也包括社会的可持续存在。社会的可持续性主要在两方面有所体现，一是将公平由原来的人际公平推广到代与代之间，当人们在制造和追求当代发展与消费时，要努力做到并承认自身与后代的机会都是一样的，绝不可剥夺和破坏后代人本应合理享有的同等发展和消费的权利；二是在当前各国家之间经济发展水平差距明显的情况下，要注意保护贫困人民的资源，对其基本的需求也要进行满足，从而使全球范围内的资源得以共享，早日实现人类的共同发展。

四、可持续发展的基本原则

（一）公平性原则

所谓可持续发展的公平，基本就是指代与代之间的公平、同代人之间的公平以及资源利用、分配之间的公平等。这种发展是有着同等机会与利益的发展。它不仅包含了同代内区际之间的均衡发展，也就是本地区发展的代价不应该是对其他地区发展的损害，另外也包含代际间的均衡发展，也就是不仅对当代人的需求予以满足，还不会对后代人的发展造成损害。人类的每一代人都要在同一个生存空间中发展，在该空间中，他们对社会财富与自然资源的享受权利是均等的。所以，可持续发展应该首先提出消除贫困这一重要问题，让各国和各地区的人都能享受到平等的发展权利。

（二）持续性原则

人类社会、经济的发展不能超越资源和环境的承载力，也就是不仅要满足需要，也应当有限制的因素存在。所以在对人类需求得以满足的过程之中，一定要有限制的因素。主要受到限制的因素有资源、环境和人口数量等，还有各组织对于现在、未来进行满足的能力的限制。所以，人类社会、经济的发展不会超越资源、环境的承载能力即持续性原则的核心，这是对人类当前与长远利益的深刻考虑。

（三）共同性原则

即使各国间的可持续发展模式都不尽相同，但是他们有着共同的公平性、持续性原则。因此，共同性包括两层含义：其一，人类社会发展的目标是共同的，即实现公平性和持续性的发展；其二，人类拥有共同的环境和资源，要从地球的整体性和相互依存性来认知我们地球的家园，为了实现持续发展的目标必须采取全球联合行动。

五、可持续发展理论与生态足迹理论的关系

生态足迹理论可测度供给人类消费需要的商品和服务所消耗的生态成本（土地）。人类不仅在农业生产、交通设施等各个方面直接对土地进行了占用，还间接占用了体现在所消费的商品和服务中的土地，人类活动隐含的生态成本也因为生态足迹变得更加清晰化。

（一）理论产生背景的一致性

从历史来看，从实践的顺序上来看，两个理论是不一致的，但也都是在人类与自然的矛盾日益突出的背景下提出的，当人类面对环境污染加剧、生物多样性减少、全球气候变暖等生存危机时，人们开始提出质疑并研究了经济增长的生态代价问题，生态可持续、可持续经济发展、生态足迹概念与理论等也由此应时而生。可以说，环境问题的全球化是导致可持续发展理论和生态足迹理论产生的现实因素。可持续发展理论和生态足迹概念都是在全球生态危机出现的大背景下提出的。

（二）理论根本前提的一致性

1. 承认地球生态环境资源存在极限

地球生态环境资源存在极限，人类谋求自身发展时，应当在环境容量和自然资源允许的范围进行。不管是耗竭性与非耗竭性资源，或是修复和净化地球污染、破坏的能力都是有一定的阈值的，一旦自然资源的承载能力被超过，那么必定会引发生态危机。这在本质上是一种经济增长受自然生态极限约束的可持续经济理论，它动摇了先前主流经济学的地球资源环境无限性的传统观念，为人类认识经济发展与生态可持续性内在统一开辟了道路。如今，现代经济绝不能将牺牲生态环境作为代价，也不应该让地球资源环境的承载能力被超过，这些都已经在地球有限论中被阐述清楚了，因此经济发展的可持续性也基本得以保证。

2. 承认经济增长存在生态代价

可持续经济发展承认经济增长存在生态代价，是因为经济增长要素在投入效果方面具有二重性。资本、土地、劳动、技术进步和知识因素等都可以说是对经济增长有所影响的因素，其作用从来都不是单向的。它们在促进物质财富增强，实现经济增长的基础上，难免还会出现一定的负面效应，也就表明了生态代价存在于经济增长之中，同时这也是分析可持续经济发展理论的基本命

题，而古典的经济增长理论因为历史的局限性，所以会对经济的负增长有所忽视，只考虑投入经济增长要素从而增强物质财富。

经济增长而产生生态代价的较为形象的表达就是生态足迹，其结果是制约经济发展的因素已经由人造资本向着生态资本所转移，而威胁经济发展的因素也已经从经济赤字向生态赤字转移了。所以，要正确对待经济发展中客观存在的生态代价，在经济决策中加入生态觉悟，调整全球经济，建设一个为地球而设计的、保证生态可持续性的可持续发展经济。

3. 研究目的的一致性

生态足迹与经济增长在一定意义上说是共生共长的孪生关系，生态足迹是经济增长的生态代价。在可持续经济发展的理论框架下，研究生态足迹的目的，就是在人口与经济快速增长的形势下，在经济增长与环境资源持续利用之间，在适度的生态承载能力前提下，寻求合理的生态代价，保持生态可持续性，而可持续经济发展的本质就是维持生态可持续性。是否承认经济增长受生态资源环境的限制，是传统经济学与可持续发展经济学的根本区别。可持续经济发展是一种从保证生态可持续性角度提出的关于人类长期在经济质量上发展的战略模式，可持续经济发展的概念从理论上终结了传统经济学长期以来把经济与生态资源环境相互对立起来的错误观点，并明确指出生态足迹是经济增长的负面代价，经济增长应当受到生态足迹约束阈值的制约，维持生态可持续性，二者研究的目的是一致的。

第三节 生态旅游可持续发展的理论基础

一、地理学相关理论

与生态旅游具有密切关系的地理学理论是所谓的"地域分异规律"。地域分异规律是指自然地理环境各组成成分及其构成的自然综合体，在地表一定方向分异或分布的规律性现象。一般认为，这一空间地理规律包括纬度地带性和非纬度地带性两类：纬度地带性是指因太阳辐射能在地表分布不均而呈东西向带状分布，导致自然综合体沿纬线方向东西延伸，而按经线方向有规律地南北循序更替的现象；非纬度地带性是指因地球内能引发的海陆分布、地形构造等因素影响而形成的分异现象，主要包括因距离海洋远近不同而形成的干湿分异和因山地海拔增加而形成的垂直分异。

地域分异规律启示人们在进行各类生态环境建设时应遵循因地制宜、分类指导的原则，从而实现区域间的合理分工与密切合作。生态旅游开发首先也必须尊重地域分异规律，通过科学、合理的规划与设计使区域的生态旅游特色与空间地域本身的规律相适应，尽量减少生态旅游开发中的主观随意性；尤其要关注某些地方性的分异规律，如坡向、地面物质组成、地下水深度、小气候等条件的变化，从而使生态旅游开发真正建立在科学的基础之上。

二、生态学相关理论

生态学是研究生物与其环境之间的相互关系的一门学科。在全球经济的快速发展进程中，人口的增长和人类活动干扰对环境与资源造成了极大压力，因此人类迫切需要掌握生态学理论来调整人与自然、资源以及环境的关系，协调社会经济发展和生态环境的关系，进而促进可持续发展。可以说，生态学既是连接自然科学与社会科学的桥梁，也是生态旅游的基础学科，生态旅游发展必须站在生态整体性的高度，同时遵循生态学相关理论与规律。

（一）生物多样性理论

生态环境不断恶化、人口迅猛增加、生境不断破碎以及外来物种入侵等全球性重大问题成为生物多样性锐减的决定性影响因素。作为对自然界的生命形式的多样化程度进行描述的概念，生物多样性基本包含了物种遗传、变异的多样以及植物、动物和微生物的物种多样性以及生态系统多样性三部分。

生物多样性中的遗传多样性是其非常重要的组成部分。而遗传多样性在广义方面指的就是地球上生物携带遗传信息的综合，而这些信息都在生物个体的基因中被存储了起来，所以其也可以说是生物遗传基因的多样性。生命进化与物种分化的基础即基因多样性，而生物多样性的核心是物种多样性，它既体现了生物之间及环境之间的复杂关系，又体现了生物资源的丰富性。

生物多样性的减少，不仅使人类丧失了各种宝贵的生物资源，还造成了生态系统的退化，直接与间接地威胁着人类生存的基础。在生态旅游过程中，通常以各类自然保护区为旅游目的地进行不适宜的生态旅游活动，这会给野生动植物及其栖息地造成巨大伤害，但适度的干扰有益于保护区的生物多样性保护。因此，自然保护区内的生态旅游活动应该以生物多样性理论为指导，进行科学的组织和管理，对保护区内部的各项管理措施、法规等都严格予以执行，并通过在特定时空限制下展开的适度集约化生态旅游形式来满足生态旅游业的社会需要，同时还能够最大限度地维持生态系统平衡。

(二) 生态位理论

在生态学中，生态位理论属于其基本理论。在群落结构、种间关系和生态多样性方面都有着较为广泛的应用，这也是生态学研究在二十多年以来的研究中心之一。而在生态位的概念方面，最具代表性和现实指导意义的是哈钦森的"多维超体积生态位"，其含义通俗点讲，就是生物在长时间进化过程中形成了生态位，使其在一定的空间、时间中能够获得相对稳定的生存资源，从而才能进一步取得拥有生存最大优势的特定生态定位。生态位与种群相对应，一般来说，一个生态位中所容纳的生物种群只有一个。生态位理论中，生态位的重叠是其中心问题之一，它是指不同物种的生态位之间的重叠现象或共有的生态位空间。当然，在生态平衡时，各个生物基于生态位的原则是不重叠的。如果一旦存在重叠现象，那么一定是不稳定的，一定会有为了削弱生态位而通过物种竞争得到的重叠，所达到的结果就是到平衡为止。

生态位理论为在生态旅游活动中对野生动植物的保护提供了重要的理论依据。首先，生态旅游活动过程中易对某些生物的生态位发生挤占，从而导致利用这一生态位的物种减少甚至濒临灭绝，抑或是打乱原有的生态位格局，造成生态系统的混乱与失衡。因此，在规划生态旅游设施、项目以及线路时，要尽量避免占用野生动物的栖息地。还有迁徙廊道，应尽量避免造成生境的破碎化，尽可能地保护野生动植物原有的生境条件。

其次，不当的生态旅游设计和生态旅游者行为往往会促使野生动物对人类形成依赖，如游人好心给动物喂食、不封闭的垃圾箱会诱使野生动物翻检垃圾箱寻找食物等，从而导致野生动物生存本能下降，甚至离开自己特定的生态位，破坏生态系统原有的稳定性。因此，生态旅游活动要尽量避免形成野生动物对人类的依赖性。

最后，在生态旅游规划设计中，要尽量保护关键物种，以及预防游客带入的外来物种入侵。关键种在建群以及维持生态系统稳定性方面发挥着重要作用，必须给予重点关注。外来入侵物种往往生存繁殖能力较强，易于传播，且对原有生态系统具有危害性，尤其是这些入侵物种能够起初占据空生态位，而后逐渐地竞争、排斥掉生态系统的土著物种，这种入侵过程往往易被人们忽略，而当外来种爆发时才会引发关注，其生态后果相当严重。因此，要尽量保护关键物种，同时注意游客有意或无意带入的各类外来物种。

(三)景观生态学原理

景观生态学是现代生态学中内容最丰富、发展最快、影响最广泛的学科之一。广义的景观包括现在从微观到宏观不同尺度上的、具有异质性或缀块性的空间单元,而空间格局及其变化如何影响各种生态学过程一直都是景观生态学中的中心问题。

在景观生态学中,景观有廊道、缀块和基地这三种基本单元结构。其中,廊道主要指的是在景观中和相邻两边有着不同环境的线性或是带状结构,一般常见的有河流道路、输电线路和农田间的防风林带等。缀块则泛指在性质、外貌上与周围的环境不同,且还存在一定内部均质性的空间单位。缀块可以表现为湖泊、农田、草原和居民区等,所以,不同类型缀块的形状、大小、边界以及内部均质程度等也会存在一定程度的不同。而基底就指的是景观之中连续性最大、有着最广分布的背景结构。其实在实际的研究中很难去真正区分廊道、缀块与基底,而且在划分景观结构单元时,它们常会与观察尺度进行联系,因此这三个方面可以说是相对存在的。

按照景观生态学的基本结构单元来看,生态旅游区也可以看作由缀块、廊道和基底构成的异质性景观,由于这三者相互影响、相互作用,并共同影响着生态景观的美学质量和观赏价值,因此,根据生态旅游区的具体特征,应用景观各要素进行合理组合,形成效益优良、景观美学效果良好的生态旅游景观格局便成了生态旅游景观规划与设计的核心内容。

景观类型的性质、多少、比例及空间分布等都极大地影响着景观在空间结构、功能机制和时间动态等方面的多样性和变异性。景观的多样性又恰恰是维持物种多样性和生态环境稳定性的基础,在土地利用规划、景观评价与设计、野生动植物保护和自然保护区建设等方面均有重要意义。因此,在开发生态旅游时,应通过对生态旅游区的林带、绿地、水域、小径、生态建筑等景观要素的巧妙布置与适当增减,充分利用生态旅游区景观的缀块、廊道、基底之间的关系,从而使生态旅游区的生物多样性保持在较高的水平上,并且提高区域生态环境的稳定性与抗干扰能力。

(四)恢复生态学原理

恢复生态学与景观生态学一样,均属于现代生态学的一个分支,主要致力于那些在自然灾变和人类活动压力下,受到破坏的自然生态系统的恢复与重建。其应用的基本原理源自生态学,特别是生态系统的演替理论。另外,恢复生态学在生态系统建设的加强、优化管理方面,还有保护生物多样性方面也同样存在十分重要的理论与实践意义。

按照生态系统退化的程度与类型不同,在恢复、重建与维护时就可以运用不一样的恢复方式。对生态系统的结构和功能已经造成了十分严重的破坏、干扰,同时对经济发展的区域也有所影响的,可以通过人为措施进行恢复;而对自然恢复有一定难度的区域,则应使用人工生态的设计,对生态进行重建或改建;而对于景观好、生态敏感以及有重要生物资源的地区,要始终对其进行保护。

我国生态系统退化的现实非常严峻,恢复生态学相关原理对优化生态旅游的开发规划与管理以及恢复受损的生态旅游资源,具有十分重要的价值。众所周知,生态旅游开发与规划的对象即为自然生态系统,但是,随着近年来旅游资源的大规模开发、旅游场地的极度膨胀,以及人类活动对自然系统有意或无意的破坏,一个完整的、没有被损坏的生态系统在世界上已经很难找到了。在这样的背景之下,若是开发者对生态系统本身的规律、生物和非生物因子在相互作用时的机理过程并不是很了解的话,那么开发生态旅游只会让生态环境更加恶化。国内外很多生态恢复实践均表明,生态恢复如果缺乏正确的指导,其恢复往往是盲目的,并且成功率很低。因此,生态旅游的开发与实践应遵循生态系统恢复的相关规律,尤其是已遭受破坏的区域,应依靠科学的、有计划的恢复、重建或保护,最终促使生态旅游不仅成为旅游业可持续发展的支柱,也要成为生态环境保护与恢复的重要途径。

(五)循环经济原理

循环经济是按照自然生态系统物质循环和能量流动规律重构经济系统,使经济系统和谐地纳入到自然生态系统的物质循环的过程中,从而形成新形态的一种经济。从本质上说,循环经济是一种生态经济,其应通过生态学的规律来对人类社会的经济活动进行指导。其也是在可持续发展的思想指导下,遵循清洁生产的方式,综合利用能源与废弃物的生产活动过程。

目前,要想解决经济发展与环境保护之间的协调问题,发展循环经济是根本出路。旅游本身就是一种消费行为,传统的"吃、住、行、游、购、娱"旅游六要素均与能源和资源消耗关系密切。因此,生态旅游的发展也必须以循环经济作为指导,改变传统的粗放型增长模式。生态旅游区是一个开放的人工生态系统,是需要将能量、物质、信息等通过外界输入进来,之后再于产业内部进行加工,同时再消化掉生态系统内部所产生的各种排放物,从而构建生态旅游产业的循环系统。在生态旅游实践中,许多地区都积累了很多较好的做法,以尽量减少资源消耗并实现产业循环运行。例如,使用地方材料,推广绿色环保建筑，在建筑物的体量、空间布局、内部结构及其风格与外部装饰上尽量减少物质和能量消耗，并与周围环境相互协调；充分利用太阳能、风能、生物能等可再生能源，限制和禁止使用化石源；在餐饮方面，以地方特产和绿色食物为主，严禁捕猎被保护动物；收集雨水并循环利用，生产和生活污水循环再利用等。

第三章 生态旅游可持续发展的现状

在开发生态旅游资源时，很容易产生以牺牲生态环境为代价而换取短期经济效益的行为，从而会对生态环境的维护造成不良影响。因此，生态旅游可持续发展必须要以不破坏当地的资源和生态环境为条件。本章分为生态旅游可持续发展概述、国内生态旅游可持续发展现状、国内生态旅游可持续发展现状、国外生态旅游可持续发展现状、国内外生态旅游可持续发展的对比与反思四部分，主要内容包括国内外生态旅游可持续发展的现状以及实例、国外生态旅游可持续发展的先进经验对我国生态旅游可持续发展有何借鉴意义等。

第一节 生态旅游可持续发展概述

一、生态旅游可持续发展的概况

在世界的经济发展中，旅游业起着核心作用，原因是旅游业的经济收益优异、关联性强，而且具有强大的驱动力。特别是在第二次世界大战之后，国际环境明显改善，经济繁荣发展，世界各国之间的交流日渐频繁，旅游业的发展势头强劲，渐渐发展成了国民经济的核心产业。20世纪80年代，旅游业是全世界增长最快的产业，国际旅游收入年均增长率达9%。随着经济发展水平的不断提高，中国旅游业的发展十分迅速，大量的游客大大促进了旅游区的经济发展。在很多地方，展览和旅游都取得了优异的经济效益和社会效益，发展成为对外开放的核心产业。

在旅游业的发展过程中，生态旅游已经发展成为游客最喜欢的旅游方式。生态旅游不仅仅在中国旅游业占据核心位置，在全世界旅游业中也是如此。根据调查，生态旅游已经成了国际旅游业中收入增长最快的产业，每年的增长率都在7%~10%，占旅游业总收入的五分之一。因此，发展生态旅游对地方、国家，甚至全世界，都有着十分重要的意义。

在中国，生态旅游是新兴的旅游，起步较晚。1995年于西双版纳举行的中国第一个生态旅游研讨会标志着人们开始充分关注生态旅游。截至2019年2月，中国的国家级森林公园达897处，据初步测算，2018年国家级森林公园接待游客量超过10亿人次，旅游收入近1000亿元。

生态旅游的发展不仅对旅游业有深远影响，对整个国民经济的发展也有着十分重大的影响。虽然生态旅游的发展会对社会环境产生一些不利影响，但是总体来说，发展生态旅游的优点远远大于它带来的不良影响。

二、生态旅游可持续发展的优势与前景

（一）资源优势

1. 自然生态旅游资源

我国幅员辽阔，地质条件多样，地貌类型繁多，气候类型多样，江河湖泉众多，流域面积超过一千平方公里的河流有1500多条，面积超过1平方公里的天然湖泊有接近3000个。此外，我国的生物种类和生物群落类型丰富，其中高等植物的种类就有近3万种。当然，中国的动物资源也十分丰富，动物类型和种类众多，其中很多物种都是我国的特有物种。就陆地生态系统而言，除了赤道雨林之外，中国几乎拥有北半球所有的植被类型。

2. 人文生态旅游资源

中国是人类的主要发源地之一，同时也是世界古代文明主要发祥地之一，具有五千多年的发展历史，而且民族众多。每个民族都和他们生活地区的自然生态环境相结合，形成了极具地方民族特色、人与自然和谐相处的民族人文生态旅游资源。

（二）客源优势

中国拥有庞大的国内和国际旅游市场客源。随着国家经济的发展和国民生活水平的提高，国内旅游业变得更加活跃。

在海外的旅游市场当中，欧洲、美洲、西亚、东南亚地区的人们对中国悠久的历史、自然、文化资源以及美丽的风景普遍有着较高的兴趣，每年都有大量海外游客前来旅游。其中，相当多的旅游者是生态旅游者。他们大多是在生态旅游中积累知识，多以欣赏和了解自然为目的来到中国的，经常深入偏远村庄、深山老林等进行科学考察。

(三)传统文化优势

我国是一个具有几千年发展历史的文明古国,在与自然的长期相处中孕育出了人与自然和谐相处的传统文化,其中的典型代表是"天人合一"思想,这个思想表现了人们既要改造和利用自然,又要保护自然的态度。在这种文化的熏陶下,人们在情感上更亲近自然,在行为上更爱护自然。此外,这种传统文化还会对现代的国民产生影响,使越来越多的人参加生态旅游活动。

(四)其他优势

除了资源和客源的优势外,生态旅游优异的外部社会条件也是必不可少。在中国,文化和旅游部、环境保护总局、旅游管理单位等都给予了生态旅游事业很大的支持,也对生态旅游项目倾注了极大的热情。有了国家的重视和关心,再加上地方的社会条件和文化传统,这都为生态旅游的发展创造出了良好的外部环境。

生态旅游打破了传统的旅游思维方式,满足了现在人们的需要。因此,生态旅游发展前景十分广阔,主要表现在以下几方面。

第一,旅游具有较强的规划性。在规划上,要按照环境和法律的要求进行规划,随意性不强。在思想上,不以人们的现实需要为中心,而是要充分考虑人与自然之间的联系。

第二,随着社会的发展和社会文明程度的提高,人们的环境意识越来越强,这是生态旅游管理的一个潜在因素,同时也决定了生态旅游会成为现代旅游的核心力量,将引领旅游发展的新潮流。

第三,生态旅游的发展是一种"保护—利用—保护"的循环过程,符合可持续发展的自然经济和社会系统,是一种新型的旅游发展方式。

总而言之,随着社会的进步,人类的环境意识也在逐渐苏醒,旅游业要想长期发展下去就必须走可持续发展的道路,实现向"3E"模式的转化,也就是旅游的发展要追求生态环境、经济和社会的可持续性,而生态旅游的发展正好满足这个要求。因此,生态旅游拥有十分广阔的发展前景。

第二节 国内生态旅游可持续发展现状

一、维护生态极品旅游胜地——九寨沟

（一）最神奇的自然生态旅游区

九寨沟位于四川省九寨沟县的中南部，在岷山山脉中。景区由三条沟谷组成，因沟内有九个藏族村寨而得名。九寨沟是一个神奇的自然风景胜地，被人们称为"世界第一水景""人间仙境"等。1992年被列入了《世界遗产名录》，1997年被纳入了"世界生物圈保护区"，2001年获得了"绿色环球21"证书，是世界上唯一一个同时具有三项国际桂冠的生态旅游区。

（二）坚持可持续发展理念的典范

九寨沟的管理者为了保护这个极品生态旅游区，一直坚持"保护性开发，规范性建设和人性化管理"的发展理念，使九寨沟可以维持自身的竞争优势和发展优势。九寨沟的人认为环境是从后代那里借来的，大家只能承担守护它的责任，不能随意地去破坏或者毁灭。当地人保护生态环境的方法有以下几个。

1. 护林防火

在消防工作方面，九寨沟人成立了将珍稀植物引入园林的消防监控系统，制订了森林火灾预警的计划，还成立了巡山队、消防指挥部、景区专职消防队等，还在消防设施建设方面投入了巨资。此外，景区不仅坚持对当地居民进行森林防火宣传教育，还对外来游客进行旅游信息须知的宣传，创造出了31年无重特大森林火灾的佳绩。直到现在，九寨沟景区一直保持着63.5%的森林覆盖率、85.5%的植被覆盖率的记录。

2. 保景富民

在风景区的保护方面，九寨沟人采取了一些办法，其中最主要的就是关闭九寨沟景区内的所有酒店，在景区外边规划了"九寨沟民俗文化村"，坚持在景区内游玩，在景区外住宿的原则。近年来，九寨沟每年都会拨款为景区居民提供生活保障，同时还会安排几百名当地居民从事景区的保护、管理和服务工作，妥善地解决了"人民致富"和"环境保护"之间的问题，有效地落实了可持续发展的方针战略。

3. 限量旅游

在2001年，九寨沟率先实施了"限量旅游"的策略。根据科学的计算和规划，

九寨沟的最大容量是每天 1.2 万人。九寨沟坚决按照这个指标进行游客接待,真真正正体现了九寨沟人民"保护至上"的理念。

(三)保护与开发双赢

旅游发展和环境保护应该协调一致、共同进步。旅游业的运作管理必须以保护环境为前提,这样才能实现可持续发展。九寨沟一直在全力维持景区的自然风貌,以适应自然和景区的生态承受力。采取的主要措施如下。

第一,坚持特色建筑。九寨沟一方面有现代化的建筑风格,另一方面有当地藏羌民族的建筑风格。在形态上,其始终坚持与自然环境高度和谐的理念,因此把旅游中心建设成为生态广场,这又为九寨沟增加了一道风景线。

第二,开辟绿色通道。早在 1999 年初九寨沟就开通了绿色观光车,实现了旅客出行的循环统一。同时,还在风景公路上铺设了一条黑色的沥青路面,建设了与景区颜色统一的观景亭。这种绿色通道一方面确保了旅游者的安全,另一方面减少了灰尘污染,解决了景区汽车尾气对环境的污染。

第三,强化排污治污。九寨沟景区和环保公司进行合作,引进了无水智能环境保护生态厕所,该生态厕所是全自动的,采用电子控制,可以自动打包、更换清洁袋等,同时还配备了环保移动厕所。此外,还在景区建设了统一的污水处理系统,有效解决了当地居民的生活污水和垃圾的排放问题。

第四,坚持实施人性化管理。旅游管理是一个旅游品牌的保证,九寨沟景区为了实现人性化管理的目标,已经通过了 ISO 9000 质量管理和 ISO 14001 环境体系的评审认证。

二、立足人与自然和谐统一的生态旅游区范例——黄山

(一)人类生态第一山

黄山位于皖南山区,是我国十大名山之首,被誉为"人类生态第一山""世界公园"。黄山景色优美,生物种类繁多,拥有独特的峰林地貌和丰富的冰川遗迹。在 1990 年,黄山被列入了《世界文化和自然遗产名录》。2004 年入选首批世界地质公园,成为同时获得世界文化与自然双重遗产以及世界地质公园三项荣誉的旅游胜地。2015 年 1 月,入选首批世界自然保护联盟(IUCN)绿色名录。2018 年 7 月 25 日,成为世界生物圈保护区网络成员。

(二)自然环境遭受破坏的经历

自黄山开放以来,旅游者数量逐渐增加。游人的增多和设施的增量带来了

越来越明显的环境问题。黄山虽然采取过很多环保措施，但是生态环境的破坏情况依然愈发严重。资料显示，在20世纪90年代以前，黄山的水、大气、生态、生物多样性等都受到了不同程度的污染或破坏。黄山也对各种污染源进行了调查。

第一，水污染源的调查。水污染主要是游客和管理服务设施排出的污水、污物。这些污水和污物都是在没有经过处理的情况下直接排到了各个溪流之中，对水质造成了污染。

第二，黄山垃圾状况的调查。黄山的垃圾主要是游客和管理服务人员丢弃的生活废物。山上各个服务点的垃圾不便清运，大多堆放在了山沟等地，而且散布在路旁、水中的零星垃圾也到处可见，这些都会对水资源和自然环境等造成一定程度的污染。

第三，大气环境质量的调查。黄山大气环境的污染源主要是生活燃料排放的废气和运输车辆的扬尘。根据调查，整个黄山景区的总悬浮微粒的日均值都已超标，甚至某些局部地区超标率达到了100%。

第四，生态环境破坏状况的调查。在1985年之前，黄山山林每20年就有5次火灾发生，烧毁的森林面积高达3000公顷，再加上树木遭到了砍伐，黄山的森林覆盖率明显下降。此外，景区的修建也对生态环境造成了一定的破坏。

由此可见，黄山生态环境遭受的破坏是十分严重的，这对黄山的治理、环境的保护和可持续发展的实施都提出了更高的要求。

（三）立足于人与自然和谐发展的治理与保护措施

在1990年黄山被列入《世界自然和文化遗产名录》之后，人们就开始以"严格保护，统一管理，合理开发，永续利用"为方针，对黄山这一世界双遗产进行了保护性开发。对景区的开发要以保护生态环境为前提，立足于人与自然的和谐统一，合理开发景区。

1.保护森林生态系统及生物多样性

（1）护林防火

黄山中的天然植物多达1805种，被称为"华东植物宝库"。因此，必须保护黄山的森林不受破坏。黄山成立了森林防火指挥部和专业防火队，在景区进行全天候戒备，严禁游客携带火种，从根本上杜绝火灾发生；还成立了防火瞭望哨、引入了火灾报警系统。此外，还与周边地区的消防签订了协议，共同保护黄山风景区。

（2）防治松树"艾滋病"

松树的"艾滋病"指的是松材线虫病。为了防止此病虫进入，黄山专门成立了森林防虫害指挥部和植物检疫站，禁止一切松木及其制成品进入景区。为了提高防虫的科技含量，还与高校合作开展了关于景区监测预防松材线虫的课题研究，还获得了安徽省科技进步奖。同时，还在黄山风景区周围建立了非松树林防护隔离带，截断了病虫的传入渠道。

（3）保护古树木

保护古树木首先要研究古树木的生长环境、分布规则等。其次要制定古树木保护制度，成立科学技术保护档案。例如，为列入世界名录的54颗名松古树确定负责人，对古树进行日常监护和科学技术管理；对迎客松进行特殊护理，选择专人对其进行全天候的守护。

（4）保护生物多样性

黄山生态旅游区成立了野生猴谷管理中心，对短尾猴（我国特有的二类保护动物）进行专业的、科学的保护和管理。同时，还使部分景区进行轮休，促进生态的恢复和环境的休养。

2. 治理生态环境污染

对于生态环境污染的治理，黄山采取了一些有效的措施。第一个措施是改革能源。从20世纪90年代以来，黄山为了防止污染生物资源，进行了4次能源改革，经历了柴改煤、煤改油、油改气等阶段。最后，景区投入巨资，建立了电站，完成了全山的保洁电能供电。第二个措施是强化环卫工作。景区组建了环卫专业队伍，做到日清日产，并且按照国际卫生标准改建了8个公厕。第三个措施是处理水污染。黄山成立了洗菜中心、清洗中心和垃圾处理站，实行净菜上山、垃圾下山，废弃物等全部在山下处理。景区还投资建设了污水处理设施，在酒店建设了环保水系统，净化所有的污水地区。第四个措施是分片保护，黄山的管理部门把黄山划分成多个不同的区域，并且明确规定不能在游览区随意建设。

3. 强化环境监测

黄山的环境监测站设立在黄山的最高处，全年实时检测全山的大气污染、噪声等多种环境因素。同时，黄山还与安徽省环境监测中心进行了合作，建立了环境质量化指标体系。经过多年的努力，黄山的森林覆盖率已经提高到了83.4%，植被覆盖率也达到了93.6%。

4. 保护黄山文化遗产

黄山具有丰富的文化底蕴，现在拥有二百多处摩崖石刻，近百处各时期修建的古桥、古亭等，还拥有两万左右首歌颂黄山的诗词，而且以黄山为题材的黄山画派也已经成了文化遗产。黄山一直坚持着自然和文化并重的原则，计划性地对文化遗产进行修复、保护以及管理。

5. 教育普及资源保护

管理部门在黄山温泉景区建立了黄山资源保护宣传教育中心，组织游客参观黄山的历史展览，观看黄山的资料片。世界著名的环境专家在考察过黄山之后赞叹道，黄山的管理水平已经是国际先进水平，一些办法看似很笨，但是却十分有效。有效的就是先进的。

三、生态教育的核心示范基地——三亚南山文化旅游区

（一）旅游区概况

三亚南山文化旅游区是海南省的重点建设项目。该项目是在 1995 年 11 月开始动工的，施工进行了两年半。在 1998 年 4 月建成了佛教文化苑，并且正式向全社会开放，该园是七大主题公园之一，将中国民族和民俗文化、生态环境保护、热带海洋风光以及佛道文化融汇为一体，游客既可以在这里进行旅游观光、休闲度假，也可以进行学术交流、文化考察等。佛教文化苑是一座全方位、多层次的国际性文化旅游园。

（二）坚持保护生态环境和发展生物多样性

三亚南山文化旅游区在开始建设的时候就相当重视项目开发与景观环境的协调一致，在建设过程中严格控制环境污染问题，坚持保护生态环境和发展生物多样性的原则。经过两年多的建设和整治，昔日的荒山秃岭已经变得树木丛生、绿草茵茵。现在，海南省教育厅已经把南山设立为"海南南山生态环境保护教育基地"。总而言之，三亚南山文化旅游区对提高当地甚至全社会的生态环保意识都有着十分深远的影响。

四、严格限制游人数量的玉龙雪山风景区

（一）风景区概况

玉龙雪山坐落于云南省纳西族自治县城的北部，是全世界纬度最低的海洋性冰川分布区。这里有 70 多座大大小小的山峰，主峰是扇子陡，终年白雪皑皑。

玉龙雪山处于低纬度，从山脚到山顶总共拥有七条自然景观带，境内的森林覆盖率有43%。同时，玉龙雪山的植物种类众多，拥有国家保护的珍稀濒危植物20多种，种子植物模式标本产地的植物800多种，药材800多种，被称为"罕见的植物王国"。

（二）以保护生态环境为设计原则

1993年，云南省将玉龙雪山确定为省级旅游开发项目。在此之后，在建设旅游设施时，开发者首先考虑的设计原则就是生态保护。经过三年的考察，他们从一百二十条上山线路中选出了一条线路，这条线路对原始森林的破坏最小。同时从七条线路中选出了一条上山的公路线，这条公路线对森林的破坏也最小。

（三）严格限制游人数量

为了保护当地的生态环境，管理部门坚决采取了限制游人数量的办法。关于上山索道的设计指标也限制在了每小时420人左右，并且不允许游客自驾上山。因此，管理人员准备了六辆旅游巴士免费接送乘客。游客上山可以带照相机，但是，行李、香烟、打火机等物品都不能带。玉龙雪山被人们称为"国内旅游风景区环境保护意识最强、生态旅游最好的风景旅游地"，它的生态保护措施也受到了世界人民的赞誉。

（四）面对新的开发问题

近年来，科学家一直对玉龙雪山的冰川进行研究，发现玉龙雪山的积雪正在急剧减少。由于玉龙雪山位于北半球最接近赤道的地方，所以随气候的变化反应最敏感，现在的冰川在迅速减少，堆积积雪的雪线也在快速上升。相关的专家认为，使冰川较少的因素主要有两个：一个是全球的气温都在升高，二是为了发展旅游对雪山的过度开发。尤其是在开通后上山索道之后，游客的数量和旅游设施的数量都在增加，因此，该地区散发的热量也变得多了，必然会造成"温岛效应"，雪山也会受到影响。现在，玉龙雪山的冰川和积雪减少问题已经引起了当地旅游部门的密切关注。为了解决这一严重问题，他们采取了严格控制游客容量，增加植被覆盖面积等多种办法，努力强化玉龙雪山的生态旅游资源保护。

五、广东肇庆星湖风景区的生态文明规划

（一）风景区概况

肇庆星湖风景区分为两个部分，分别是星湖和鼎湖。其中星湖是城中湖景

观，俊美的山峰、神奇的岩洞和碧绿的湖水浑然一体，组成了一幅幅美丽的画面。鼎湖山是中国最早成立的自然保护区，被称为"都市原始森林"，联合国的"人与生物圈"机构在此处建立了生态定位研究站。鼎湖山包含10座山峰，主峰是鸡笼山，山势雄伟，是岭南四大名山之一。这里绿荫蔽日，山气清幽，负氧离子含量高，是中国著名的"大氧吧"，而且这里还有多种动物和植物，被人们称为"天然动植物王国"。

（二）继承保护生态环境的传统

鼎湖山山清水秀，空气清新，这与历史上的禁山禁伐有着十分密切的关系。在鼎湖山上有两块护山碑，一幅摩崖题刻，碑文都是关于保护古树木，禁止砍伐树木、破坏岩石的内容，而现在的鼎湖山管理者也继承了这一历史文化传统，一直尽力保护鼎湖山的生态环境。

（三）确定风景区的保护范围

要保护好景区的生态环境，就一定要处理一些与景区发展相关的关系，包括景区资源保护与城市建设之间的关系、人与自然之间的关系、景区管理与经营之间的关系。其中，最严重、最难解决的三大问题是景区地界划分、卫生环境保护和文明经营的问题。以前，星湖风景区的用地权属一直不是很明确，因此造成了很多管理问题。后来，肇庆市旅游委员会投入资金统征土地，收回非法占用土地，并且通过调查、协调等工作，在国土边境设立了99个界碑，办理了国有土地使用证，因此，星湖风景区成为全国唯一一个设立景区界碑、取得合法土地证的国家级风景区，同时保护风景区资源和生态环境最根本的问题也随之解决了。

（四）严抓环境卫生保护

星湖风景区管理委员会为了保护好景区的环境，采取了一系列的保护办法。例如，景区内有污染源的单位的污水必须经过净化处理之后才能排放；在景区内的村庄内也建立了环村道路排污设施，防止居民将生活污水排放入湖；长期坚持清捞湖面杂物，采取局部干湖、清理湖泥的措施，以改善湖中水质；还会在湖堤种植大量蟛蜞菊用来过滤污水等。

截至目前，景区的空气质量已经达到了国家一级标准，水质达到了国家地面水二级标准，噪声也控制在了55分贝以下。同时，景区内的环境卫生机构健全，设备齐全，队伍完整，并且关于保洁员的管理也实行了路段责任制，与个人的效益挂钩，保证了景区的整洁卫生。在文明经营方面，景区采取的管理办法也十分有效，景区的导游和迎宾员都经过了严格的培训，而且在商业经营的网点还设立了文明经营的监督岗。

第三节 国外生态旅游可持续发展现状

一、国外生态旅游可持续发展概况

人们通常认为，生态旅游是从欠发达的国家开始的，因为这些国家一般都有着比较丰富且独特的资源。其中，肯尼亚和哥斯达黎加是生态旅游发展的先行者。

非洲的肯尼亚是生态旅游发展的比较好的国家之一，被称为"自然旅游的前辈"。世界上，肯尼亚发展生态旅游并不是自愿的，而是被迫的。肯尼亚因为其野生动物品种多、数量大而闻名于世界。在 20 世纪初，肯尼亚还处在殖民主义的统治下，大量的野生动物被猎杀，受益者和狩猎人员大多数都是其他国家的人。到了 1977 年，政府应肯尼亚人民的强烈要求，全面禁止狩猎。同时，有一些人员也因此失业。于是，这些失业人员开始寻找新的旅游方式，并且提出了"请用相机拍肯尼亚"的口号。经过十多年的发展，旅游业逐渐成为肯尼亚最大的外汇收入来源。

在拉丁美洲，哥斯达黎加是生态旅游开展得较好的国家之一。哥斯达黎加开展生态旅游的初衷是保护森林资源。1970 年，这个国家成立了国家公园管理局，一共设立了 34 个国家公园及保护区开始开展森林生态旅游活动，当然，这些活动都是非破坏性的。同时，该国家还对开展生态旅游活动制定了严格的法律，而且设立了专门的机构对法律的执行情况进行监督。现在，哥斯达黎加的旅游业已经成为这个国家最大的外汇收入来源，取代了香蕉和咖啡的地位。

除此之外，美国是经济发达国家中生态旅游开展得比较好的国家之一。美国的黄石国家公园是世界上第一个国家公园，开创了世界国家公园的先河，每年都会吸引很多游客前往。欧洲各国以及新西兰、日本等国家和地区的生态旅游发展得也十分丰富，它们都制定了相关的法律规范，培养了一批专门从事生态旅游经营和商品开发的机构和公司。

虽然人们对生态旅游这种说法越来越熟悉，相关的报道和宣传也越来越多，但是这种旅游还处在发展阶段中，距离成熟期还有很远的距离。生态旅游在全世界的旅游市场份额中所占比例并不大。生态旅游的概念是在 20 世纪 80 年代才出现的，到了 20 世纪 90 年代得到了传播和发展，随之人们便对生态旅游展开了研究。

20 世纪 80 年代中期以来，人们越来越关注自己的生存环境，关于旅游业发展对环境的影响的研究越来越多。1986 年，在墨西哥举行的国际环境会议中就对生态旅游的未来发展进行了讨论。第二年，世界自然基金会对拉丁美洲和加勒比海地区的 5 个国家的生态旅游发展情况进行了分析，并且在 1990 年发表了一份分析报告。该报告分析了这 5 个国家旅游发展的进程、策略和管理等，对这些地区甚至全世界的生态旅游的发展都产生了十分重要的影响。

在 1991 年，美国商业部经济发展局组织了一个研讨会，名为"太平洋地区的生态旅游与小生意"。有一位出席会议的澳大利亚学者试图强调生态旅游与简单的自然旅游或者传统的探险旅行并不是一回事，生态旅游应该是在享受大自然的同时，为保护大自然做出一些贡献。

生态旅游不同于其他形式的旅游，也可以说与其他形式的旅游有着很大的区别。理解这些区别也是十分重要的。生态旅游的本质是大众旅游。但是，在旅游的吸引力、方式、游客的需求等方面，生态旅游和大众旅游有着比较大的不同。大众旅游的特点是游客人数多，路线都是大家熟悉的路线，产品的标准化程度比较高。旅行社的经营者一般都是采用薄利多销的方式经营。但是生态旅游却恰恰相反，它的突出特点是旅游产品的设计比较特殊。

生态旅游与自然旅游的相同之处就是它们的旅游资源基础都是大自然。但是，自然旅游是利用自然资源吸引游客，而生态旅游注重的是在享受自然的过程中还能够帮助和保护自然。例如，不干扰或损坏鸟类正常生活的观鸟旅游就是生态旅游，而狩猎旅游就不是生态旅游，因为它不符合生态旅游的标准。

生态旅游和可持续旅游也存在不同。可持续旅游是在可持续发展观点的指导下，按照规定的旅游开发和管理服务规则，适用于长期发展进程中与自然、社会、文化环境等和谐发展的旅游形式。可持续旅游包括生态旅游，生态旅游可以是实现可持续旅游的工具。

二、国外生态旅游可持续发展案例

在生态旅游可持续发展的实践过程中，一些国家和地区针对发展过程中所面临的主要问题获得了一些比较成功的经验。

（一）加拿大班夫国家公园

1. 公园简介

加拿大是世界上生态旅游发展比较早的国家，而且发展的也比较成熟。加拿大政府在 1930 年颁布了《国家公园法》，把保护看作国家公园三大功能之中做重要的功能。班夫国家公园坐落于加拿大西部的落基山区域，建立于 1887 年，是加拿大的第一座国家公园，占地面积四千多平方公里。公园最著名的就是山湖之旅。

2. 旅游开发现状

现在，班夫国家公园已经是著名的旅游胜地，每年都有大量的游客来此游玩。该公园还根据天气条件的不同，制定了不同的旅游项目。

第一，豪华巴士或火车观光。这种旅游活动主要面向的是一些高消费阶层的游客，乘坐豪华的旅游巴士观赏国家公园的美妙景色对游客的吸引力是非常大的。因为加拿大的太平洋铁路直接从这个国家公园穿过，所以游客还可以选择乘坐豪华列车来观光。

第二，高尔夫球。公园内建有一个 27 孔的高尔夫球场，游客不仅可以在此进行高尔夫球运动，还可以在此选择一系列的高尔夫球课程。此外，这个球场还有汽车租赁、豪华住宿等项目。

第三，泛舟漂流。在班夫国家公园还可以进行泛舟漂流活动，园内有很多商家都可以提供半天、一天或者多天的漂流活动。其中，最好的泛舟地点是路易斯湖，该湖虽然面积小，但是背靠雪山，景色宜人，泛舟漂流其上犹如置身仙境一般。

第四，徒步。徒步旅游项目是公园内游客最喜欢的旅游活动之一，游客可以选择时长不同的徒步项目。徒步项目从一日远足到多日背包游、"午夜太阳"之旅等应有尽有。

第五，乘雪橇。每年冬天公园必然会开展的项目就是狗拉雪橇，乘坐雪橇时，游客既可以欣赏公园的美景，又可以体验"加拿大人"的生活。

3. 旅游开发的特点

班夫国家公园在保护自然资源的前提下，为国民提供了多种游憩机会。同时，该公园还重视利用原有的设施开展公园的旅游项目，这也可以在一定程度上保护公园的自然资源。班夫国家公园的管理是由加拿大公园管理局负责的，公园管理策略的重点现在已经由开发转向了环境保护。此外，在公园的旅游开发中，加拿大还实行了功能分区开发，具体划分了5个不同的区域，各个区域的功能都不相同。

第一个区域是绝对保护区。这个区域拥有珍稀的濒危生物物种和珍贵的自然景观，但是该区域严禁开展旅游活动，游客不能进入此区域。

第二个区域是杜绝人类干扰的荒野地区。班夫国家公园的荒漠区域面积非常大，约占公园总面积的93%。这一地区也是受保护的区域，但是不是完全禁止游客进入的，人们可以在此区域适当地进行一些野外考察和远足活动。

第三个区域是自然风景观光区。这个区域的占地面积很小，但是却拥有独特的自然景观，主要的功能就是发展旅游业。该区域可以修建一些比较简单的酒店和其他设施，但是为了保护原始自然环境免受污染，不允许机动车辆进入。

第四个区域是娱乐区。这个区域主要是对娱乐项目进行开发和管理，占地面积也非常小。这里建设了很多户外娱乐活动设施，拥有比较完整的旅游设施，而且区域内还修建了道路，机动车辆也可以进入该区域。

第五个区域是旅游城镇区。这个区域的占地面积特别小，不到公园总面积的百分之一。该区域不仅仅是班夫市区和路易斯湖游览中心，还是公园旅游业务管理中心，负责游客的饮食、住宿、娱乐等。

（二）美国黄石国家公园

1. 公园简介

黄石国家公园原来是印第安人的狩猎区。黄石公园是在1807年呈现在世人面前的，直到1872年，美国当时的总统格兰特签署了"黄石国家公园法案"，从此，黄石国家公园便成了世界上第一个国家公园。公园位于美国西部北落基山之间的熔岩高原上，自然景观包括以石灰石台阶为主的热台阶、瀑布、温泉与大峡谷等。公园内森林的占地面积约为90%，水面面积占总面积的10%左右。这个公园是一片广阔又洁净的原始自然区，园内有多种动物，其中包括很多世界珍稀动物，如灰狼、北美野牛、驼鹿、巨角岩羊等。在这个高原上，温泉和泥火山随处可见。特别是间歇性喷泉，它的数量和密度都是世界之最。

因为黄石国家公园的旅游资源十分丰富，而且在百余年的发展史中加盟了很多特许经营商，所以每年都有大量的游客到黄石国家公园旅游。在美国，有三分之一的美国人一生至少去过该公园一次，现在的黄石国家公园已经成为旅游者的天堂。

2. 旅游开发的保护措施

黄石国家公园的员工最引以为傲的就是他们始终保持着国家公园系统的优良传统，这种传统指的是公园的所有工作人员都参与了公园资源的保护工作。黄石国家公园的管理者会鼓励所有的雇员参与游客的教育活动，特别是当涉及资源保护的教育内容时。游客看到在路上行走的野生动物时，便会成为他们忠实的听众，听公园守护者讲解野生动物的生活习性等情况。为了加强资源保护和经营管理之间的联系，黄石国家公园除了聘请资源方面的专家对公园自然和文化方面的资源状况进行监督和确定保护与修复措施之外，还聘请了5位全职资源运营协调员，此外，一般情况下，还会有15名雇员在资源运营和保护部工作。

参与黄石国家公园维护的工作人员除了专家、雇员和协调员之外，还有各行各业的志愿者、合作协会、基金会以及赞助商等。无论是专家还是志愿者，它们都是公园的守护者，工作的核心就是保护黄石国家公园的自然环境不受破坏；监督资源的状况，采取有效措施将游客的影响降到最低；教育游客怎样去保护公园的自然资源；在游客多的景点建设道路、添置设备；加大法律和公园制度的实施力度等。

3. 旅游开发项目

现如今，黄石国家公园的旅游项目非常丰富，适合各种品位、各种需求的游客。根据组织者的不同，旅游活动分为：官方性质的活动、公园守护者组织的活动以及自助旅行等。根据公园内采取的交通方式的不同，可以分为：乘坐观光大巴游览、自行车旅行、划船、骑马、徒步旅行等。根据生态景观和地质特征的不同，可以分为：温泉旅游、喷泉区旅游、峡谷瀑布旅游等。根据活动内容的不同的分为：景点参观、野生动物观赏、垂钓等。

4. 旅游开发的特点

（1）重视教育性

黄石国家公园旅游开发中的一个显著的特点就是注重教育性。无论是成年人还是孩子，都能通过守护者的讲解等充分认识公园的历史、动植物资源等，进而在旅游活动中受到一次良好的教育。为了增强教育性，黄石国家公园还以游客的不同年龄阶段为依据，专门开展了一些针对性的旅游活动。

（2）重视体验性

黄石国家公园成立的一个重要的目标就是为民众提供更多的游憩机会，因此，该公园的旅游项目不仅仅满足了民众的观光需求，还开展了一系列体验性比较强的活动，如野营、徒步等。

（3）重视环保性

黄石国家公园最重要的一个原则就是"保护第一"，当然也采取了很多保护措施。例如，不能在园内开展对环境和生物多样性影响比较大的活动；控制公园内的各种旅游活动，限制活动的时间和范围；控制公园内的设施，禁止修建索道以免破坏环境等。

（三）赞比亚野生动物保护案例

赞比亚地区位于非洲南部，其最著名的景观就是维多利亚瀑布，吸引着世界各地的游客。近几年，赞比亚地区兴起了观赏野生动物以及有限狩猎项目。对游客来说，这个项目有着非常大的吸引力。但是这个项目有一个特别大的弊端，就是随着项目的发展，野生动物的数量在急剧减少。

赞比亚政府的保护思想已经开始从保护野生动物向旅游业可持续发展的核心性上转移了。在动物保护和旅游开发成功经验的基础上，赞比亚政府引导本地居民参与其中，充分调动了居民的积极性。

赞比亚为了保护野生动物和制止游客在公园钓鱼等，专门成立了野生生物保护区，用于保护黑犀牛、大象等珍稀野生动物。赞比亚用这种方式让游客观看野生动物，然后用旅游的收入资助本地的社区发展，如成立诊所和学校等。而且野生动物管理区的主席是由该地最高行政区的长官担任的，每年旅游收入的35%会给到当地的社区。以上这些都调动了当地居民参与野生动物保护和发展旅游的积极性。

第四节 国内外生态旅游可持续发展的对比与反思

一、国内外生态旅游可持续发展的对比

经过多年的快速发展，中国的旅游逐渐形成了以国民大众旅游为主体的旅游经济发展模式。随着居民收入水平的提高，国民大众对旅游的需求也呈现出了井喷式的增长形式。国民大众的旅游人数远远大于入境旅游人数，因此，可以说国民大众已经是中国旅游市场的绝对主体，旅游也渐渐成为人们日常生活的组成部分。现在中国旅游业正处在机遇和挑战并存的阶段，与其他国家的生态旅游业相比，还存在着很多问题。

（一）产业政策与旅游业发展不匹配

现在中国的旅游业迅速崛起，但是可持续发展的理念和实践远远落后于旅游业的发展，特别是在产业政策开始的阶段，方针政策还不够完善，发展环境还需要继续优化，可持续发展理念不能适应旅游发展速度的现象十分明显。为了引导和促进旅游业的发展，中国旅游局出台了很多方针政策，但是，还没有专门出台关于可持续发展方面的方针政策。为了达到可持续发展战略和节能减排的目标，中国政府进行了一系列的制度安排。但是，中国宏观的经济方针政策的核心发展目标并没有将旅游业的可持续发展纳入其中。因此，旅游业的可持续发展仍然处在探索与实践阶段。旅游业是全球最大的产业之一，和林业、住宿业、环境保护等多种行业都有着密切的联系，所以，单一的产业政策很难达到预期的效果。

（二）旅游资源保护与开发利用的矛盾凸显

中国城镇化和城市建设进程不断加快，旅游开发也随之迅速升温。有些地区人们的可持续发展观念比较淡薄，缺少环境保护意识和社会责任感。这一方面引起了城市的商业化和私有化的加剧，另一方面使自然文化资源的生态侵蚀状况加剧。

在欧洲，人们往往是走在几千年前铺设的路上，路两侧都是几个世纪前修建的居民住所、餐馆等基础设施；意大利的威尼斯河道蜿蜒曲折，已成为非常著名的景观；法国城市街两边的咖啡馆都是在几个世纪前建成的，中国人民感到十分惊讶，它们怎么保存得这么完整。这一切的答案都能从各个国家旅游发展的观念中得到答案，因为可持续发展的思想已融入了当地旅游规划的实践和发展中，使旅游资源的保护收获了良好的效果。

（三）经济高速增长带给旅游业可持续发展的负面冲击

伴随着经济的快速增长，人们的消费结构和消费方式也在发生着变化，人们的收益水平和标准在一年年增加，旅游逐渐由高消费变为大众消费。中国旅游的人数在不断增加。预计到2020年底，中国的旅游市场将会发生很大的变化，出入境旅游人数将会显著增加。为了满足旅游市场的需要，旅游商品的开发、旅游住宿和交通运输等行业也在迅速发展。

现如今，由于城市发展迅速，各个国家都不可避免地在规划新城市，随之而来的问题就是新城规划和老城占地之间的冲突。国外处理这种问题的方式就是以尊重古老的城市为规则和标准。

（四）旅游资源的管控体系不健全

在开发旅游资源的过程中，我国资源管理最难处理的问题就是条块分割。我国当前的状况是风景名胜区归住建部门管辖，自然保护区、国家森林公园归林业部门管辖，地质公园归国土资源部门管辖等。这样的分割形式必然会产生很多问题，如区划交叉、职能交叉、管理交叉。在实际操作的时候，管理职责重叠、管理效率低下，甚至管理部门之间相互推脱的现象也时有发生。因为中国的《中华人民共和国森林法》《中华人民共和国文物保护法》等法律法规大多数都是由资源管理部门配合人民代表大会起草和制定的，所以放大了管理部门的权威性。因此，旅游资源容易变成部门的属地，容易与地方的发展和社会管理之间产生冲突。这种冲突切断了旅游经济和地方社会发展之间的内在关系，影响了旅游产业市场的形成，加大了行业的管理难度，阻碍了旅游业的协调发展。

（五）旅游行业协会尚未充分发挥作用

在我国，旅游协会的成立是为了适应市场经济的要求，而且刚刚形成规模，尚未在强化行业管理和自律方面充分发挥作用。

从国家到地方各级旅游协会之间有很大的区别，还不能自我调节，面临着很多的问题。第一个问题是系统不顺畅，作用发挥不到位。旅游协会是政府、公司和市场三者之间的桥梁，是协调社会利益的组织机构，它充当的是组织和协调的中立角色。虽然各级政府机关的形象和职能已经开始转变，但是旅游协会发挥的作用还不到位，其表现还有待提高。第二个问题是社会层次低，业务水平低。在实际操作中，旅游协会的行业自律性、维权和中介咨询能力比较薄弱，对旅游行业的影响力较弱。第三个问题是缺少激励约束的机制，职工队伍的框架和结构都不够合理。旅游协会没有科学的管理机制，人员招聘、培训、退休等相关事宜都没有形成一套比较科学的办法。

（六）市场运营模式缺乏合理性

目前，我国旅游业传统的商业模式已过时，对旅游业的可持续发展造成了很多不良影响。我国的旅游公司存在很多问题，比较普遍的问题是规模较小、实力较弱、运作管理水平不足。旅游公司的资金、技术、管理方式等已经不能适应环境的变化和未来发展的需求了。一些新的业务经营形式尚未形成完善的服务体系。与中国相比，欧盟地区旅游市场的运营模式已经比较成熟。欧洲的旅游公司借助于横向一体化、纵向一体化、国际化的发展阶段，已经形成了比较稳定的市场运营状态。

二、借鉴国外的成熟经验

（一）制定生态环境保护法

1923年，芬兰颁布了《自然保护法》。1916年，美国颁布了国家公园管理局的法案。1992年，日本制定了《环境基本法》。1993年，英国议会颁布了一项新的《国家公园保护法》。这些国家都较早地制定了关于环境保护的法律，以强化对大自然和生态环境的保护。

（二）制定发展规划和战略

1990年，美国旅游业协会成立了环境对策委员会。在1994年，为了适应游客增加的生态旅游需要，旅游协会又制定了生态旅游发展规划。1992年，澳大利亚实施了全国生态发展战略。墨西哥政府制订了21世纪的旅游计划，其中的一个核心项目就是生态旅游。

（三）依靠政府支持

澳大利亚政府投资建立了三个咨询机构，目的就是增强国民对生态旅游的感悟性，并且改善业务经营技巧的管理功能。巴西政府在生态旅游的研发、管理和保护等方面投入了巨资。匈牙利政府为农村旅游业的发展提供了优惠政策，不仅仅减免了税务，还给予了一定的财政拨款。

（四）整顿管理体制

在行政上，美国国家公园采用的是垂直领导的模式，全国三百多个不同类型的国家公园、历史遗迹等都由国家公园管理局与其分局统一管理。管理模式采取中央集权为主，自上而下的垂直领导，其他部门和民间机构辅助管理的形式。

（五）注重旅游环保宣传

在生态旅游的发展进程中，很多国家都提出了环保宣传口号。例如，德国的"森林向全民开放"口号，日本的"游客保护地球宣言"口号，阿根廷的"到阿根廷观看大自然本色"口号，等等。这些国家都比较重视旅游环保，提出的口号也是如此。

（六）采取多种管理方式

在开发生态旅游时，很多国家都对游客的数量进行了控制，并且持续监测人类行为对生态环境的影响，利用科学技术处理废弃物，加强生态旅游区的管理。除此之外，为了加强管理，许多国家还实行了经营管理分离制度和许可证制度。

三、国内生态旅游可持续发展的反思

（一）界定生态旅游可持续发展活动

生态旅游是在1983年由世界自然保护联盟的特别顾问谢贝洛斯·拉斯喀瑞提出来的。但是，它并没有一个明确的界定标准，某些旅游公司为了吸引游客，会把其他旅游说成是生态旅游。因此，我国可以以日本的经验为参考，由文化和旅游部和旅游协会来界定生态旅游。

（二）加强生态旅游区居民的环境保护意识教育

生态旅游区大多位于偏远落后地区，当地居民处于半封闭半开放的发展环境当中，其环境保护意识比较薄弱。因此，当他们的居住地被开发成旅游景点的时候，居民会破坏环境或者猎杀动物，并且用这种方式获取经济收入，从而会造成资源损害和环境的不可持续发展。人们的生态环境保护意识对旅游的可持续发展有很大影响，因此，我国一定要借助各种媒体、当地政府和导游等对野生濒危动植物的保护进行宣传，从思想到行动上都要注意保护优先；要强化环境保护教育，促进生态环境保护，增强民众的环境保护意识。

（三）加强保护自然景观和野生动物资源

在经济利益的驱动下，再加上管理水平有限，部分生态旅游区在缺少必要论证与总体规划的条件下，便开始进行盲目地开发，从而导致了重开发、轻保护现象的发生，损害和浪费了很多不可再生的旅游资源。旅游景区的人工化、商业化使我国的很多自然旅游风景区都受到了一定程度的破坏。自然环境是由多个生态系统组成的，各个生态系统之间一定要保持相对的平衡，因此，要将人类、生物和环境的协同发展原则贯彻到底，要把自然资源的可持续利用和生态环境的改善作为宗旨。生态旅游的发展不仅要满足当下人们的生活需求，还要保护生态环境，维持生物多样性，不危害后人的生存和发展。只有这样，生态旅游产业的可持续发展才能得以实现。

（四）旅游企业要大力宣传推广生态旅游理念

旅游企业在组织生态旅游活动时，应该选取生态旅游条件好的旅游景点，以避免出现旅游地承受水平过低的问题。在旅游团队开展旅游活动前，就应对旅游者进行生态环境保护教育，从而增强其环保意识。

（五）生态旅游可持续发展理论研究要本土化

生态旅游的核心内容是旅游与环境和谐共生、资源可持续利用和人与自然和谐统一。中国"天人合一"的理念强调的就是人和自然和谐共处。因此，生态旅游可持续发展理论需要结合中国的实际情况进行深入研究，从而实现人与自然的和谐相处。

第四章 生态旅游规划与生态环境保护

规划在生态旅游景区开发、建设、经营中的重要作用不言而喻。它包含了管理者、投资者、建设者、经营者对特定生态旅游区域开发的理念、思路等重要内容,是未来景区发展的行动纲领。同时关于景区开发的全部思想也包含在规划之中。本章分为生态旅游规划及其重要性、生态旅游规划目标、生态旅游规划原则、生态旅游规划的支持保障体系四部分。主要介绍了生态旅游规划的理念、分类、方法、程序、目标、原则、保障体系等。

第一节 生态旅游规划及其重要性

一、生态旅游规划

(一)生态旅游规划简述

许多词汇虽然经常被我们使用,但我们不一定能准确理解其真正的含义,规划一词即是如此。诸多学者提出了关于景区规划的多种定义。由于旅游规划有不同的类型,每种规划都有其特定的内涵,其中以旅游区总体规划最具代表性。因此,对于旅游规划的定义,应从以下几个方面来理解:第一,旅游规划是政府或经政府授权的旅游区管理者,依据国家法律、法规,委托专业机构制订的旅游景区保护与开发的计划书;第二,旅游规划的前提是对旅游区内的政治、经济、文化、民族等社会状况以及环境、生态、气候等自然状况进行全面的调查研究;第三,旅游规划的宗旨是保障旅游业与社会各项事业与自然平衡协调发展;第四,对项目盈亏平衡及市场开发等与景区开发的相关性问题给予适当关注。

生态旅游规划是指在运用生态学原理的前提下,以可持续发展为指导,有机地结合旅游者的旅游活动和旅游目的地的环境特征,使得旅游活动在空间上能够合理布局。与一般旅游规划相比，其特点主要有：强调适宜的利润和回报，但最强调维护环境资源的价值；它有选择地满足旅游者的需求，而不是满足旅游者的所有要求；它在考虑当前旅游活动的规模、效益的同时，还为未来的旅游发展指明了方向，留出了空间；它是涉及旅游者的旅游活动与环境间相互关系的规划，因此将旅游活动、当地居民的生产活动与旅游环境融为了一体。

（二）生态旅游规划的理念

随着交通行业的发展，人们的活动范围变得更为广阔，人们的旅游目的地变得更加多元化，而伴随着城市化的扩张，城市人口急剧增加，已超过了农村人口，城市成为人们主要的生存环境。城市的嘈杂喧嚣，飞快的生活节奏，浑浊的空气使人们开始怀念大自然的环境，具有原生态景观的地点便成为人们旅游的一种选择，成为大多数人体验农耕生活、欣赏淳朴自然、寻找记忆、缅怀情感的地方。这使旅游规划者开始关注自然旅游目的地的生态环境，在进行旅游目的地规划时要因地制宜，确定好规划理念和规划方法。生态旅游目的地的生态环境规划涉及景观生态学、生态美学、游憩学、环境心理学等多领域学科，力求在坚定不移地遵循可持续发展观、保护与开发自然资源并举的前提下，做到构思新颖独特、布局完备合理，从而为创造生态系统结构稳定、旅游特色鲜明、人与自然和谐相处的乡村旅游目的地生态环境奠定坚实的理论与实践基础。

生态旅游目的地生态环境规划的设计要求目标明确清晰，特色鲜明突出，规划理念要有创新性、发展要有高起点、质量要严格把关，遵循自然发展变化规律和空间结构组织规则，融自然性、艺术性、生态性、地方性为一体。因此，生态旅游目的地环境规划涉及多学科领域，是一项正处于探索发展当中的综合性、实践性系统工程。

在科学发展观的指导下，生态旅游目的地的环境规划应本着促进当地区域财政和居民经济共同增长进步、加强生态环境保护力度、全面完善社会基础及公共设施建设、继承弘扬优秀传统文化的原则，在统筹规划的视野之下阐述不同地域的差别，地区建设和生态环境保护之间的辩证关系，从发展富有当地地方文化特色的生态游、加强农耕用地保护、挖掘地方潜力、营造特色景观等角度进行规划设计。生态旅游目的地生态环境规划的目标是构建一种"可观、可游、可居、可玩"的生态景观。对于富有特色的生态景观而言，要强调景观元素在不同阶段的个性特征，做到层层推进，既使不同地域特色的景观序列相互融合，又要体现出由城市景观向自然景观的逐步过渡，最终共同展现推崇自然、生态、健康、休闲的主题。生态旅游目的地生态环境规划就是在理论知识与专业技能的指导之下,达到一种对立与统一并存的关系。因此,生态旅游目的地生态环境规划始终贯穿着"生态、旅游、休闲、文化"的思想,在具体规划中可遵循以下理念。

1. 坚持主客结合、因地制宜的理念

生态旅游的生态环境建设应提倡"主客合一"的规划理念,在策划旅游项目和开展旅游活动时,必须要酌情考虑当地居民的生活方式、习俗文化等,有"主"无"客"或有"客"无"主"的旅游规划方式都是极其片面的。尤其是一些乡村地区居民的风俗习惯和生活方式普遍依地域与季节的变化而发生着变化。因此,发展生态旅游建设应充分考虑各地区在地理区域、气候季相、能源储备、农业资源、生产条件、生活方式、风俗习惯、宗教信仰等方面的差异性和特殊性,因地制宜、因时制宜,结合当地实际情况,依据当地独特的地理环境,寻找适合自己的发展类型与方向。切忌不顾当地实情,盲目进行仿效建设,要确保生态旅游与居民生活尽量融洽。

2. 突出自然地域特色、互动参与的理念

当今社会的旅游者越来越注重旅游体验,渴望参与,因此在进行生态旅游建设生态环境规划时,尤其要注重体现"参与"的规划设计理念,不仅如此,还要体现不同特点、不同程度的参与,以丰富生态旅游目的地的活动形式,提高生态旅游目的地环境的对外吸引力,满足旅游者参与体验的需求。生态旅游目的地环境规划应大力挖掘当地历史文化内涵,用以表现不同区域的独特风格,避免低水平、低品质的效仿及毫无新意的跟风建设。只有突出特色,才能在市场上占有一席之地,才能将当地"生态游"长久地发展下去。

参与不仅指外来旅游者的参与,更要加强旅游者与当地居民的互动性。生态旅游目的地在作为一个旅游开发对象的同时,其本身是大量当地居民的生活聚集地,所以生态旅游目的地生态环境规划应尊重当地居民的生活方式、文化传统、民俗特色、宗教信仰等,既满足大量旅游者的需求与愿望,又考虑当地居民生活的延续和发展;而居民收入水平的增长和生活质量的提高,更是进行生态旅游目的地生态环境规划的首要任务。

3. 突出可持续保护与开发并举的理念

生态旅游目的地生态环境规划首先应遵循生态性原则,要求人与自然的和谐共生。在人与自然和谐共生的前提下,加大文化资源和旅游资源的整合力度,加大传统文化和民俗传统文化的保护力度,加大现代科技在自然环境开发和建设当中的应用以及农业科研、培训和示范基地的开发建设力度,从而做到真正意义上的自然与人文景观的结合。

4. 天人合一的理念

公元前600多年到公元前300多年是人类思想发展史上的黄金岁月。这一时期，在西方有古希腊的德谟克利特、亚里士多德、苏格拉底、柏拉图等伟大的哲学家、思想家；在中国有老子、孔子、孟子、孙子、墨子等所创造的历史文化高峰。两千多年来，人类在自然科学领域获得了充分的发展，在思想领域似乎无法再跨越这一高峰。这些伟大的思想家的学说有一个共同的特点就是：都与朴素的自然观有着极其紧密的联系。老子的《道德经》第二十五章中说"人法地、地法天、天法道、道法自然"。其所表现的天人合一的思想，应当成为原生态景区规划的核心理念。大自然是一部百科全书，它有自己内在的思想与语言，老子所说的道法自然就是回归自然的本性。老子还认为，最能代表道、代表善的东西是水，水对万物都有利，而不争，只会顺势而流。因此，就生命的物质性而言，水是生命存在的基础，就生命的精神性而言，水是人类灵魂的归宿。

热爱自然是人类的天性，自古以来，无数的文人墨客咏叹的对象是自然，自然给予他们灵感、自然赐予他们血性，自然造就了千古文明。宋代大文豪苏东坡在杭州刺史的任上因乌台诗案获罪发配黄州，远离权力中心的苏东坡经历着自然的春秋，体会着人间的冷暖，在与自然的交融中，诗人的人格情怀高度升华，终于成就了一代伟大的政治家、文学家。中国历史上从来都不缺乏深刻体现天人合一理念的优秀人文奇观，都江堰便是其中的杰出代表，其历经两千多年的风风雨雨，至今还在发挥着重要的经济、生态功能，更不用说其重要的旅游功能了。因此，在生态旅游建设和规划的过程中，对传统的"天人合一"理念的遵循，不仅能丰富旅游文化，提升旅游品质，还能创造更好的旅游环境，对游人产生更强的吸引力。

5. 遵循普遍的美学原理

没有什么社会实践活动能像旅游这样能集中表现美学的意义，人类自有文化以来每时每刻都在探寻着美的意义。但什么是美？有多少人可以说清楚？又是否有必要说清楚或者是否能说清楚？美国作家、艺术家珍·露丝·贞德莱尔关于美有一段这样的描述：美存在于我们心中，也存在于我们四周；美，调整着我们的情绪，让我们体会到家的温馨。美，既简单，又复杂；美，显而易见，不乏肤浅，同时也深不可测。美学作为哲学的一个分支，在其发展初期主要研究的是人类艺术活动的规律性，随着对美的本质认识的不断深入，其视野已经完全覆盖到了对人类的其他社会活动及自然的美学意义的研究上。

不能低估了旅游景区在美学上的意义。景区涵盖了自然、社会活动之美及艺术创造之美。不论是在前期的资源考察阶段、项目规划阶段，还是在建设阶段、经营阶段，都充分体现了审美主体、审美客体、审美过程构成的完整的审美关系。初期的资源考察给我们带来了视觉上的冲击，这是审美的第一阶段。在规划过程中，我们会思考和想象，这是审美的升华阶段。项目进入经营期后，对游客同样能够激起视觉上的、情感上的美感。景区的全部活动涵盖了自然、社会活动之美及艺术创造之美。景区的美学意义、社会意义远比一幅画、一尊雕塑或一部音乐作品重大。景区在与自然对话的过程中构建作品，其对自然的影响、对社会生活的影响远不是小尺度的艺术作品所能比拟的。

6. 借鉴传统的艺术手段的建设理念

第一，体现景区的绘画与雕塑之美。景区与雕塑、绘画的紧密联系是显而易见的。雕塑与绘画中的空间关系、层次、色彩、明暗关系时时处处体现在景区中。第二，体现景区的音乐之美。从巴赫到施特劳斯、从德彪西到克莱德曼，璀璨的音乐星光点亮了我们生命的空间。至今我们都在享受并挥霍着17世纪到20世纪欧洲音乐大师留给这个世界的宝贵遗产。可以想象，如果没有这些大师们的作品，我们的生活会多么沉闷与灰暗。音乐对我们来说是一种美好的享受，品味大师们音乐的传承亦有别样感受。德国国歌的曲作者、维也纳三杰之首海顿，亦被视为交响乐之父，在其誉满全欧的时候仍虔诚呼喊自己是亨德尔的传人。贝多芬虽辗转磨难终成为一代宗师。歌曲之王舒伯特，一生诚挚热爱贝多芬，大师的葬礼上亲执火炬，不久即随贝多芬西去，安葬在大师的身旁。瓦格纳这位备受希特勒推崇的德意志音乐家其人品并不像他的音乐一样感动我们，虽然参加过1848年的欧洲大革命，骨子里却透出对犹太人的仇视。犹太人音乐家奥芬巴赫竟也不得不向强权折腰。用音乐治疗过人们精神疾病的沃尔福却无法用音乐拯救自己的灵魂。世道沧桑、命运多舛、造化弄人。无论伟大的音乐大师经历了什么样的命运，他们的音乐作品却能穿越时间的界限，永远的流传下来，并且无论如何都不妨碍我们对大师们作品的喜爱与对大师们的尊敬。

自然是否有音乐性呢？景区是否存在音乐性呢？答案十分肯定。想一想音乐中的调性分类，一是自然大调，另一种是自然小调，明明白白表述了音乐与自然的紧密联系，其实音乐也是自然的孩子。再想一想，音乐的七个音符，天衣无缝地与一个星期的七天契合，这不是简单的巧合，而是自然的节奏在时间分割上的表现，同时也是在音乐上的表现。由音符的高低、强弱、快慢、虚实以及长短构成的音乐节奏，彰显或者隐含地体现在旅游景区的方方面面。说到对音乐的热爱，需要提及两位改变了世界的人，他们是爱因斯坦和乔布斯。有人问爱因斯坦，如果您去世了，最大的遗憾是什么，爱因斯坦回答说，那意味着我再也听不见莫扎特的音乐了。对于乔布斯而言，他最初的理想是当一名音乐家，说到技术创意与艺术创意的关系时，乔布斯认为，它们从来都不是分离的。

所以，在生态旅游建设和规划时，遵循艺术手段的运用理念，能够增添景区的艺术氛围和文化气息，能够使旅游的人们在各个方面都有美好的感受。人们有天然的追求艺术之美的本性，景区对艺术元素的体现能够使景区的吸引力和影响力大大增强，魅力倍增。

（三）生态旅游规划的分类

1. 从学理角度的分类

（1）控制性规划和建设性规划

根据功能可分为：控制性规划和建设性规划。控制性规划的制定者通常为地方政府或者是经其授权管理景区的政府部门。控制性规划包括总体规划和控制性详细规划。控制性规划的主要目的是兼顾旅游业与社会各项事业的平衡发展，保护环境、保持生态系统、保护原居民及原生态文化，奠定可持续发展的基础。建设性规划的制定者通常是景区的实际经营者或投资人，建设性规划通常以控制性规划为基础，提出旅游项目的建设规划。其主要目的是完成旅游项目建设，实现旅游功能，进而实现市场预期。根据这一分类，总体规划、控制性详细规划均属控制性规划，修建性详细规划属建设性规划。

（2）概念性规划和实质性规划

根据深度可分为：概念性规划、实质性规划。概念性规划类似于写文章的草稿，是编制规划的前期准备工作之一。主要解决规划的理念、总体思路等重大问题。概念性规划的一个重要特征是其单体（建筑或其他设施）的外观、结构、尺寸及单体之间的相互位置关系处于未确定状态。概念性规划确认后应编制实质性规划。

（3）初始性规划和修编性规划

根据规划的不同阶段可分为：初始性规划和修编性规划。规划完成后，多种因素可能引发规划修编。总规划由于规划期较长，常常会面临修编的需求。引起修编的主要原因有：自然环境的变化，国家法律政策的变化，技术进步，景区级别的变化，投资人的变化等。

2. 从规划内容性质角度的分类

（1）生态农业型

生态农业旅游是将农业与旅游业相结合，对资源合理规划设计和布局，是集观光休闲、生态农业生产、科学管理、农产品生产于一体的新型生态旅游活动。生态农业在保护自然环境的基础上，保留了原生态农业生产格局，以确保良好的生态效益。规划过程中要避免破坏自然生态系统，体现出优质的生态环境和自然农业风貌，并结合有特色传统的农业民俗文化，确保生态旅游的可持续发展。农业生产作为生态农业的核心，不仅要能体现出其生产功能，还要在其生产操作过程中对自然环境起到保护和修复作用。

当今快速发展的城市生活使得人们对大自然和农业文化充满了渴望。农业的发展是与文化进步密切联系的，农耕文化、农村生活方式、饮食文化、地方风俗等造就了深厚的农业文明。人文生态环境规划的关键就在于挖掘当地农业文化，结合当地农业生产方式并谋求生态效益最大化的开发模式，提升农业文化的品格和内涵，追求生态农业旅游环境资源发展模式的最优化。

例如，广东广新生态农业园对于生态农业旅游的研究非常具有参考价值。广新生态农业园提供自种自摘的果实蔬菜和特色粤西菜品；建筑风格独树一帜，建筑布局顺应自然，有可供国际会议、家庭度假的别墅群，也有供青少年和背包客歇息的青年旅社；园内还设有丰富的娱乐设施和体验农家情趣的项目。生态农业园开发生态旅游资源，挖掘农业文化，使游人不仅可以观光休闲、体验农作、感受乡土风情，还可带动孩子参与科普教育项目。生态农业园坚持环保生态的理念，合理开发资源和利用土地。运用生态学原理，因地制宜，构建"桑基鱼塘""果基鱼塘"等生态养殖模式，让生产与造景相结合。在满足功能要求的前提下，强调人与自然和谐共处，给人以清新自然、舒适惬意的感受。这充分考虑了人与自然、人与环境的融合，很好地体现了生态农业的生态环境规划。

（2）景区依托型

我国以自然生态旅游资源为主的景区主要有风景名胜区、自然保护区、森林公园等，类型十分丰富，不仅自然景观奇特，而且文化内涵深沉厚重，历史价值极其珍贵。景区依托型的乡村旅游主要分布于著名景区内或其周边，是依托核心景区的自然和人文等资源优势，结合自身特色，与景区协调发展、资源共享的生态旅游类型。因其依托于风景区，所以具备一般乡村旅游不具备的优势。规划要充分利用景区良好的自然资源、人文资源和客源量，与风景区总体规划、当地社会经济发展规划、土地规划相协调，将可持续生态理念作为指导思想，维护好生态安全，不对景区的生态造成破坏。

我国景区的人文生态旅游资源也极其丰富，主要包括民族、宗教等文化。民族文化，如云南西双版纳的傣族文化，每年吸引着大量游客前往；我国宗教名胜古迹丰富，宗教文化独具特色。依托于景区的乡村旅游，作为景区文化延续的载体，在规划中要注意保持好当地原本的传统习俗，将文化融入生态旅游中，在产品的开发上也融入地域文化内涵。规划过程强调生态环境效益、社会效益、经济效益三者的有机结合，适度利用景区的生态旅游资源，规划出合理的布局结构，延伸景区的旅游产业链，适当开发建设，结合风景名胜区打造一个集旅游度假、休闲娱乐、生态科普教育为一体的生态旅游目的地。但要强调控制人为活动的干扰，如果其规划会对风景区环境造成破坏，则应采取将乡村整体迁出的措施。

例如，依托黄山景区的安徽南黟西递村，位于安徽黟县南部，是黄山市最具代表性的古民居村落，至今保存有完好的明清时代的徽派建筑、徽派石刻技艺等旅游资源，2000年被列入世界文化遗产名录。其距离风景名胜区黄山较近，依托于黄山，游客在饱览雄伟秀丽的黄山美景之后，落脚在西递村，可同时领略两者截然不同、各具特色的旅游景观。国家级风景名胜区与古村落旅游地相互关联，实现了景区与乡村的客源共享和资源互补。黄山风景区因其丰富的旅游资源吸引了来自全国各地的友人到此游玩，也带动了附近区域的经济，又由于景区的接待能力是有限的，因此必须发展其周边乡镇的接待能力。同时，景区文化对周边区域具有辐射作用，使得周边类似的旅游目的地也发展了起来。所以景区的客源量为西递村创造了发展契机，而西递村的规划定位又与景区完美互补。西递村依据自身环境特点及资源类型，利用其保存完好的明清建筑和遗存的文化资源，科学合理地规划设计生态旅游项目，满足了游客对西递村现存古文化的认知需求，使得公众在欣赏中国古代艺术精华的同时，增强了保护生态环境的意识。

（3）古村落

古村落旅游，即以古村落为乡村旅游目的地，以了解古村落的历史文化为旅游目的，让游客通过体验和感受古村落特有的自然景观和人文景观，在精髓文化上获益受教的旅游活动。规划应强化古村落旅游自然资源和人文资源的整合，注重物质和非物质文化旅游资源的融合发展。中国古村落作为一种传统的聚落空间，在村落选址布局上比较讲究风水，一般以山河为自然屏障，依山傍水，自然环境资源丰富，整个建筑风貌、村落环境与自然紧密融合为一体。

古村落赖以生存的基础以及构成古村落景观特色与开发旅游项目的重要资源必然是自然环境。所以，应在保护村落自然环境的前提下进行规划，一方面要保护好古村落的自然风光不遭受破坏，另一方面要避免对自然环境造成污染。要对古村落整体划定保护层次区域，结合生态旅游理念，保证整体自然风貌和村落风格协调统一。古村落人文环境的规划也尤为重要。古村落的文化分为物质文化和非物质文化两类。这些珍贵的传统文化都应保留并合理规划，既要让游客了解和体会当地的人文底蕴，又要让当地居民意识到传统文化的重要性，并以一种积极的态度将传统文化保持和传承下去，保证传统的生活方式得以延续。

例如，福建土楼具有悠久的历史沿革，建筑风貌、建筑环境、村落历史格局保存完整，具有独特的民俗民风和传统的生活方式。福建土楼村落的选址和村落布局体现了土楼建造者的生态设计观念。在选址上注重风水理论，布局强调村落与地形、气候、河流、山脉等自然生态环境和谐统一。所以福建土楼村落的美，不仅在于它向人们展示的外在美，更重要的是其与自然环境的和谐统一的生态美。福建土楼的旅游规划，保护了祖国优秀的历史文化遗产，保护了各时代客家聚居群落的建筑风貌，避免了自然环境和土楼周围的地形地貌等遭受破坏和污染，保证了原生态环境。

（4）都市农业型

都市农业是指利用田园风光和自然生态资源，依托都市内部的经济辐射为城市提供农产品和服务，集生活性、生产性和生态性于一体的现代化农业体系，是城市经济与城市生态系统中的重要组成部分。一般位于城市内部及周边地区，但多集中在城市郊区，而城郊作为乡村到城市过渡的地段，城市的机能与乡村的机能相互交错，相较于城市或者乡村都更具独特性；地理位置靠近城市，在为城市提供特定机能补充的同时，又对城市生态系统的维护起着十分重要的作用。随着我国城市化和工业化进程的加快，旅游业的不合理开发，大量农业资源被占用，令郊区的农业生态环境日益遭到破坏和污染，而都市农业依附于城市边缘，生态环境脆弱，生态代价低下，所以都市农业环境的生态旅游规划是亟待解决的问题之一。正确认识并充分挖掘生态旅游资源是规划都市农业生态旅游的第一步。都市农业的生态旅游资源包含了风景秀丽的田园风光、民居风貌等自然资源，淳朴的民风民俗等人文资源和传统农业的生产方式、农产品等副业的生产模式。规划目标时要达到综合效益的最优化，在满足生态旅游和休闲度假的同时做到全面统筹、稳步发展，秉承生态环保理念、挖掘区域特色文化。

在对都市农业型生态环境进行规划时，应以生态环境保护为前提，要在尊重自然、保护自然和维护自然生态资源可持续利用的基础上进行，同时治理好环境污染，抑制生态环境恶化。根据景观生态学的原理和方法，合理规划都市农业的景观空间结构，使农业用地、休闲用地、生产用地等连接成网，构成和谐高效的自然生态环境，达到缓冲城市污染物扩散的生态功能最大化。

规划时要把各类景观合理地分布到原有的自然环境之中，如建筑密度的控制、各类绿色空间的序列、植被的面积与分布等。特别要注意的是，各类人工环境如景观廊道、人工种植等设计，应避免破坏整个自然环境的协调性和整体性，要尽可能地融入自然环境。在生产技术上，现今很多地方还沿用传统的农业生产技术，专业化与产业化程度低，对环境造成了一定的污染，对当地的生态构成了破坏，所以应积极研究发展新型高效的生产技术，并结合观光旅游开展科普教育工作，供游人参观学习，亲近自然。此外，还要尽可能实现自然生态与历史人文的和谐统一，注重挖掘当地的历史、文化传统等资源，在旅游区的建设和经营中融入当地的民族民俗文化，保护和传承原有的历史文脉。加强对城市近郊的特色人文景观和文化遗迹的保护，避免建设过程中对当地传统文化内涵和民族文化风貌造成不可修复的破坏。

例如，上海崇明岛中新农业泰生示范农场就属于都市农业型。中新农业泰生示范农场位于上海崇明岛东北部现代农业园内，内设数百亩有机蔬菜等农艺、园艺作物区及猪、鸡、鸭、鹅养殖区，是种植业和养殖业联体的生态农场。不同于传统农场，其内有供游人休闲游览的旅游区，有生化处理池、生态湿地和动植物保护区，还有可供游客体验有机蔬菜采摘种植并加工包装的区域。这种综合性的休闲都市农业，不仅可供游人观光游览、采摘果蔬、体验农作，了解农耕生活，享受田园风光，还可结合农业科技创新，开展科普教育。都市农业生态旅游建立在都市农业的基础上，对都市农业进行多功能开发，促进了第一产业向第三产业延伸，各产业关联性极强，所以需合理布局、协调合作，达到生态可持续发展。

（5）特色产业园

特色产业旅游以特色产业为支撑，以旅游为载体，以市场为主导，需充分挖掘自身产业潜力，同时，在特色产业的基础上设计生态特色产品，促进旅游资源合理利用，使目的地发展形成具有独特文化内涵和旅游功能的特色产业结构。科学规划设计，提升旅游资源的经济价值和生态价值，使其特色产业带动性更有效地体现在生态旅游上。结合生态学原理，做到保护地方生态环境，保护特色建筑、文化传统。特色产业作为其旅游规划的核心，应从本地实际出发，充分考虑生态承载能力，着力打造城市和旅游融合、农业和旅游融合、商业和旅游融合、文化和旅游融合的特色产业链条和特色产业集群。例如，打造集观光休闲、民宿体验、科普教育于一体的果园、茶园、渔场、酒业等特色生态产业。根据产业的季节性、地域性等特点，科学规划好生态旅游项目，形成联动的生态特色产业链。

例如，位于杭州市城西山区的梅家坞，是一个有600多年历史的茶文化古村，茶山环绕，自然环境优美，独具茶乡特色文化。梅家坞以独具特色的茶乡为基础，以茶文化为主题，以茶叶特色产业为核心，充分发掘茶艺文化和采摘制作等技艺，融合当地朴实的风俗文化，打造集茶叶生产销售、田园度假于一体的人文生态度假村落。梅家坞通过规划引领，让创新型特色茶产业与乡村旅游相融合，形成了特色鲜明的文化旅游产业链。梅家坞抓住茶文化特色，打造村庄独特的文化特征，并将此特征融入乡村旅游的方方面面，形成了系统的茶文化链；以茶文化为旅游主题，不仅让游客体验和参与茶叶的制作流程，还让游客亲身感受浓郁的茶文化气息，让游客在这里尽享生态自然和农家风情。

（四）规划方法

1. 总体规划法

为保障生态旅游目的地生态环境规划过程中各项工作的有序展开，首先要做的就是总体规划先行，然后在借助景观艺术规划设计手法的基础之上，协调好方方面面的关系，最终使整个规划实施过程有计划、有目的地进行。

首先，在进行生态旅游目的地生态环境规划之前，应当从全面细致的目的地调查开始，从多个层面、多种要素着手，对目的地的地形、土壤、水文、植被、气候、水权以及该目的地区域历史状况等进行调查并且评价，达到由表及里的规划深度。具体如下。

①地形现状：该地区的登高间隔、地形地貌、自然景观水平位置、人工景观水平位置等。

②土壤现状：有机物含量、肥力、粗密度、盐度、密度、密实度、结构、含水量等。

③水文现状：包括植被及其分布、表层土壤侵蚀程度、气候及水文记载；水的硬度、混浊度及重金属含量；地表水源，如常流河、潮汐影响、降水、降雨径流以及融雪等；地下水源，如天然泉水、合流处、地下蓄水层等；水流失的途径，如渗透、蒸发、蒸腾、渗漏等；生态旅游目的地的流域及其物理特征等。

④植被现状：植物类型、密度、分布状况等。

⑤建筑现状：村落风貌、群落历史、建筑形制、建筑风格、构造、密度、

材料、空间、结构等。

其次,联系周边的水系、林地、农田、村民社区、基础设施等,共同配合发展成新的景观整体,融入具有整体性的生态旅游目的地生态环境规划要求之中。特别是目的地生态环境中的多种自然要素,无论其状态特征如何,生态旅游目的地生态环境特色的框架就是由这些规划过程中重要的元素所组成的。

最后,交通道路组织体系、观光游览景点设置、建筑空间构成、建筑布局、功能分区、基础设施都应当被视为规划的整体,不可孤立出现,从而达到重视生态旅游目的地布局整体性,优化生态格局的目的。为了更好地发挥景观功能,需要在保证生态旅游目的地区域景观结构完整的前提下,以斑块或廊道的形式,将绿地、道路、农业生产用地、水系、建筑物、构筑物纳入整个景观结构当中,为旅游者提供包含吃、喝、玩、游、住、行、学等综合性的生态旅游场所。

2. 局部分区规划法

局部分区规划法主要是根据生产、生活、游览以及娱乐的需要,将整个生态旅游目的地生态环境景观划分为不同的功能区域和空间层次。在进行详细规划时,将每一部分逐渐加深细化,进而使每一区域的景观作用都能得到强化提升。实行局部分区规划的策略可使生态旅游目的地生态环境规划的景观细部控制更加明确清晰。功能区域的划分大致上可以分为游、行、购、吃、住、学六类,实质上是对旅游者的行为进行空间布局和组织安排。因此,可将生态旅游目的地区域划分为景观观赏区、农业生产区、科技示范区、游览体验区和休闲服务区,而各个分区所囊括的内容则可根据项目规划的具体情况和切实需求进行变化调整。

对生态旅游目的地进行功能区域的划分,在规划之初就应当根据重点、要素、空间等组成部分的特点,考虑各方面复杂关系的影响,按照同一性或差异性来进行,充分发掘自身的特殊条件并形成优势。例如,利用特色差别,开发与本功能区域相适宜的旅游项目。同时,也不能忽略景区的整体需要,最理想的状态是形成各功能区域之间优势互补、扬长避短、功能融合的分工合作体系。

3. 景观细部控制法

对于生态旅游目的地而言,在做具体规划时,景观的细部打造首先要从人本思想的角度进行考虑,不仅要做到具有实用性、美观性,同时还应具有独特的生态文化特征,而这些都是以从大方向进行宏观把握整体布局为基础的。

人性化考虑景观细部,应当学会各种乡土元素及材料的灵活运用,再根据明确的主题进行景观的细节营造。例如,在进行生态住宅的规划设计过程中,可以考虑采用几户并联式或者低层院落式布局的乡村住宅形式；硬质路面铺砖尽量少地使用在住宅的前后庭院中，可以大量使用透水性材料；为了方便居民有自行建设的余地，最好采用一些简单灵活的结构体系。在生态旅游目的地生态环境规划中，要依照现在已经存在的和谐观进行稍加改造，将其固有的景观情境充分反映出来，最好是能突出其独特的景观特征；而用一些自然的方式将某些不协调的景观要素巧妙地屏蔽或者弱化。

4. 生态学理念规划法

（1）保护型规划法

保护型规划法是指在某些自然生态环境良好的生态旅游目的地或者有一定文化保护价值的生态旅游目的地，为了使当地良好的生态环境不被破坏，为了使当地现有文化价值的区域受到保护，利用生态学的有关原理，对其进行规划。在这个基础上，规划者既要维持当地生态环境，又要创造出符合大众审美的生态旅游目的地。

（2）恢复型规划法

一些生态旅游目的地受损程度较大，生态环境状况不甚乐观，如果不改善当前的环境现状，就很难将其作为旅游目的地来开发利用。该种生态旅游目的地生态环境规划一般是通过对一些还具有纪念意义或文化价值的传统景观进行保留改造以及材料的重复利用等，创造出自然、生态、艺术和科技相结合，完全适宜于当前社会、艺术水准比较出众并融入生态理念的生态旅游目的地。

（3）功能型规划法

如果要对生态旅游目的地进行高效、科学、合理、完备的规划，首先应当以生态理念为基石，再应用一些行之有效的生态技术措施，使之既具有符合大众审美的艺术情趣，又具有生态学的逻辑性、科学性。

（4）展示型规划法

这种规划方法通过展示自然界农作物、动物的生态演替过程和某种农产品或者手工制品的制作加工过程，从而向旅游者展示各式各样、丰富多彩的自然环保生活。还可以提供一些适合旅游者参与的活动，不仅能丰富乡村生态旅游的活动形式，还能给旅游者带来更加切实、独特的旅游体验。

（五）规划程序

在规划生态旅游目的地的进程当中，针对不同目的地相应的开发目标，一般需要明确相关规划的步骤，在此总结出以下几个程序要求。

1. 前期调研

生态旅游目的地开发的首要程序就是前期调研，这是作为确定该项目能否顺利开展的前提条件。在开发前期调研的过程中，开发者可以针对生态旅游所需规划的目的地所在的区位情况、生态现状、自然条件、经济现状、交通条件、居民意愿以及相关政府部门的规划要求等问题展开调研，罗列出现状存在的优势和不足。其中，规划区域的区位、生态情况现状和自然环境条件是调研任务中的主要调查对象。

2. 目标评估

依据前期调研得到的数据情况，分析所选区域是否具备开发潜力，且程度如何，以及确定开发后所能达到的目标。这是整个规划程序中的主体部分。此外，利用前期调研所得的原始数据与周边相关环境进行比较，得出比较结果，对比较结果进行分析总结，得出调查区域开发的潜力程度。其中周边相关环境包括地理位置条件、周边景观特色、所选区域与周边观光景点的距离以及其他相关的基础条件，使用这些数据与开发前期调研得出的数据相比较，可得出该区域的开发优势和劣势，从而评估一个区域的开发潜力及确定开发目标。

3. 规划设计

生态旅游目的地规划中的功能区域是旅游开发中必不可少的程序。功能区域的划分可以根据其原有的自然条件、景观分布情况以及原土地利用情况来确定，对规划区域内的空间进行合理再分配，设计未来不同功能区域内的边界、容量、发展方向及特色。估算生态旅游目的地的旅游容量是必不可少的流程。估算应针对被规划区域的旅游前景及现有开发区域中的生态、经济、社会、气候环境等条件展开，估算的结果可以作为后面相关程序的有效真实依据。基于景观生态学相关原理，可以对开发区域开展景观设计，对其进行合理的统筹规划、资源再配置与设计，使设计结果能够体现生态旅游主题，在尊重乡村景观原貌的基础上进行合理规划修饰。生态旅游目的地景观规划中对景点区域规划的核心内容包括接待游客食宿出行等。在规划生态旅游基础服务设施的过程中，需要考虑相关的生态原则，尽最大可能采用节能环保的物质材料，尽量减少对周边生态环境的影响，做到最大限度的低影响开发。

4. 规划审核

在规划审核中，社区参与是不可或缺的程序，它贯穿整个旅游规划的全过程。在开发前期调研、开发潜力评估、功能分区以及景观设计等各阶段中，都离不开当地居民的积极参与，当地居民的参与程度可以使整个规划更好地体现当地的人文特色与居民意愿中的人性化，更能够集思广益，从居民身上获得宝贵的集体智慧。

5. 规划实施

规划的实施是对生态旅游区的建设过程，但不是整个规划的终结。通过对规划开展监督管理，对规划中不足的部分、旅游发展实践中出现的新情况进行反馈，不断丰富与完善规划内容，形成一个持续改进的规划体系。监督与反馈内容包括生态环境状况、村庄的社会经济发展状况及旅游发展状况等。

6. 实施评估

旅游目的地稳定运转不是规划程序的终点，对于在旅游实践过程中出现的所有新问题和情况都需要建立相应的反馈机制，以便不断完善此规划，促进生态旅游目的地的可持续发展。

（六）生态旅游规划的法制建设

1. 旅游规划立法现状及存在的问题

法律、法规及规范制度为旅游规划实践提供了基本依据，其积极作用不容置疑。但是，由于法制系统建设的复杂性、立法任务的艰巨性等因素，使得我国旅游规划的立法及规范不尽完备，仍存在诸多问题。一是法律体系不完备。目前旅游规划依据的这些法律并非只适用于旅游规划领域，同时由于旅游业涉及多方面复杂的社会关系、人与自然的关系，因此在很多问题上无法可依。二是行政性及地方性法规由于行政体制的原因，存在法规冲突。三是国家标准及行业标准仍然不够清晰，对具体规划工作的指导作用仍不充分。从国家标准及行业标准方面看，存在的问题如下。

（1）重点内容不突出、分类指导性不够

《旅游规划通则》就旅游发展规划、旅游区总体规划、控制性规划及修建性详规提出了编制要求，但是，该标准并没有根据各类规划的特点提出有具体针对性的编制要求。以旅游区总体规划为例，总体规划的核心作用是保障旅游区的自然、经济、社会、人民生活等各项事业平衡发展，《旅游规划通则》对这些方面的规划编制要求得过于笼统，应该强化对此部分内容的规范，提出更为明确的指导意见。景区旅游形象、市场分析、投资分析等内容虽然也很重要，但这部分内容更应该是景区开发者重点解决的问题，如果对此规划得过于详细，对于招商引进的投资者而言，其极有可能会提出不同意见，到时必然产生二次规划的问题。

（2）文化规划深度不够

旅游区文化规划是对景区所在地域的文化资源进行旅游开发的计划书。文化是旅游景区的灵魂，是彰显景区品质、体现景区特色的重要方式，旅游总体规划需要对文化的研究、发掘、整理等方面进行较为详尽的规划。文化现象纷繁复杂，文化规划的重点对象是与旅游有密切关系、能转变为旅游文化产品的文化资源，包括物质文化与非物质文化。文化规划从内容上分为两个部分，第一部分为文化研究，这部分工作研究得越深入，效果就越好；第二部分为文化建设规划与产品规划，这部分在旅游总体规划中的规定不宜太过细致。

（3）法定内容格式化、自定内容规范化

旅游规划的内容以是否必备为标准，可以分为两部分。一部分是法定内容，另一部分是自定内容。所谓法定内容是法律、法规及国家标准或旅游行业标准规定必须具备的部分（包括文字、图表）。这一部分在国家标准中应用格式化的方式表现，规划编制者必须按法定格式表述。中国证监会出具了很多上市公司信息披露格式的规范化指导意见，这种方式对旅游规划的编制具有借鉴作用。所谓自定内容是旅游规划中的特殊性部分，是规划的个性特征，是创造性的规划成果，对这一部分内容亦应提出规范化要求。

2. 旅游规划中的执法与守法

根据《中华人民共和国城乡规划法》的规定，规划的执法权由城乡主管规划的政府部门行使；在规划的实施建设阶段，相关建设项目由主管建设项目的部门行使执法权。许多地方把旅游规划的管理工作放在各级旅游局，旅游局虽有管理规划的职能，但并无执法权。这种管理体制对于旅游规划实施过程的监督、管理似乎显得力不从心。造成这种状况的原因有多个方面。

第一，规划主管部门虽然被赋予了充分的执法权，但旅游规划只是其管理工作中的一小部分，由于其精力有限，很难实施充分、有效的管理，同时规划主管部门中承担旅游规划管理的工作人员很可能不懂旅游业务，难以有效发挥其作用。还需要说明的是，旅游项目往往是地方主要领导亲自过问的重点项目，主管部门的监督也极易流于形式。

第二，建设主管部门只能对景区建设中房屋建筑、公路建设等行使管理权，但旅游景区的建设项目中有相当一部分是景观建设、游步道建设，对此建设主管部门恐怕也鞭长莫及。

第三，旅游主管部门虽然懂业务，也负有规划管理的责任，但这种管理职能主要是在规划的编制阶段发挥作用。由于其没有执法权,也由于旅游景区与旅游主管部门的特殊关系,所谓的管理也只能是类似于朋友对朋友的管理。旅游规划的实施,在很大程度上依赖于景区开发者、建设者的自觉守法;依赖于他们的良心与社会责任感。所幸的是,旅游景区的价值追求与旅游规划的基本理念高度重合。旅游区的环境、原居民及原生态文化是景区旅游产品的基础,是彰显景区特色与品质的载体。一个有远见的景区开发者不仅要能自觉遵守国家规划法律、法规及规范,还应该做得更优秀。

3. 加强旅游规划法制建设的建议

制定《旅游法》和《旅游规划法》,前者的意义已经超越了旅游规划的范围。旅游业已经成为我国国民经济中重要的产业部门,并且还将经历迅猛的发展。旅游业涉及广泛而复杂的社会关系和利益关系,急需用法律的形式进行规范。要通过颁发旅游规划基本法律,切实保障旅游规划有法可依。赋予旅游行业主管部门在规划管理上的执法权,与规划管理部门形成联动机制。动用社会力量监督旅游规划的编制与实施过程。旅游规划评审之前应履行公示程序,就规划方案听取社会各方面的意见和建议。这一程序有其必要性,因为从本质上来说,景区(人造景点除外)是社会公共资源,公众应当有知情权和发表意见及建议的权利;另一方面,景区开发对自然的影响程度远远超过了其他建设项目,其后果可能是永久性的,就其重大性来看,亦有公示的必要。

(七)景区规划的编制程序

1. 编制和修编程序

第一,确定规划任务。确定规划任务,简单地说是委托方确定规划编制单位。旅游区资源是公共资源,为全民所有,由政府或政府主管部门代表行使所有权职能,因此,规划的委托方只能是政府或政府主管部门。确定编制单位三种方式中,采用何种方式由委托方根据具体情况选择使用。确定规划编制单位不同于购买普通商品,规划的编制是创造性极高的特殊劳务,如果委托方比较熟悉某一规划师,一般会用直接委托的方式。如果有几个合适的选择,可以采用邀请招标的方式。如果没有合适的选择对象,只能用公开招标的方式。第二,前期准备。前期准备阶段的任务是对规划所涉及的相关问题进行调查研究,是编制规划的基础工作。第三,编制规划。撰写规划文本、说明和附件的草案。第四,征求意见。规划草案形成后,应广泛征求各方意见,然后对规划草案进行修改、充实和完善。此外,在规划执行过程中,需要根据市场环境等各个方面的变化对总体规划进行进一步的修订和完善。规划修编完成后，仍应履行评审与报批程序。旅游总体规划的委托单位是对旅游景区行使管理权的地方政府或政府行业主管部门。严格地说，编制旅游总体规划是地方政府或政府旅游行业主管部门的责任，但实践中常有将旅游总体规划的编制工作委托给旅游区开发企业的情形，这种做法有违旅游总体规划的宗旨。

2.规划编制中的两个重要问题

（1）景区总体规划的基础理论

迄今为止，旅游规划比较注重的基础理论是系统学理论、旅游者行为理论、循环经济理论。这固然是正确的，但是，如果仅限于此，视野失之过窄。在此基础上编制的旅游规划大多属于平庸之作。旅游业是一个综合性极强的产业，旅游学、旅游规划学是涉及多专业的综合性学科，因此，旅游规划者需要涉猎更广泛的基础理论领域，其范围应该包括美学理论、体验经济理论、复杂性理论等。生态伦理学理论是解决景区开发与自然、与原居民的关系的基础理论。复杂性理论是指导规划编制的科学的思维方法，其核心的思想是：由于系统存在诸多不确定性，会使系统处于一种不稳定的状况；同时，由于人的认知能力的局限，可能会导致错误的决策。

（2）绿色规划的理念要贯彻规划的始终

在规划编制中，应自始至终贯彻绿色规划的理念。绿色规划理念的重点内容有：合理利用土地，保护地形、地貌景观资源，保护野生动物资源，保护自然植被资源，保护水资源，维护生态安全等。环境保护与资源合理利用规划是旅游总体规划的核心内容。从本质上来说，旅游总体规划的宗旨是解决旅游业的发展问题与环境保护问题，当发展与环境保护的矛盾不可协调时，发展必须让位于环境保护。资源的合理利用是环境保护提出的必然要求，是环境保护规划原则的具体表现，也是绿色规划理念的要求。

二、生态旅游规划的重要性

生态旅游只有在科学规划的前提下才能发挥其保护生态环境的功能，才能实现旅游的可持续发展。

（一）生态旅游规划的质量直接关系着旅游业的可持续发展

适合开展生态旅游的地区往往也是生态环境脆弱的敏感地区，正因如此，生态旅游规划的质量对旅游资源的保护以及旅游业的可持续发展具有直接的影响和很深的关系。如果生态旅游规划出现了质量问题，是很容易造成环境破坏的。随着生态旅游热度的不断提高，一些自然保护区纷纷对外开放，成为开发生态旅游的热点。但由于生态旅游在我国还属于起步阶段，在资源开发和规划方面没有形成统一、完整、科学的理论体系，很多自然保护区由于没有进行恰当合理的生态旅游规划，在不同程度上破坏了生态环境。无论是在国内还是在国外，这样的例子都是非常多的。

（二）可持续发展呼唤高水平的生态旅游规划

生态旅游对生态和文化有着特别的感受，是一种具有责任感的旅游，它肩负着促进整个旅游业可持续发展的使命，是旅游业发展战略的依据。生态旅游规划的质量决定了生态旅游能否促进整个旅游业的可持续发展。生态旅游业的过度开发造成了严重的生态环境破坏问题。如果生态旅游规划出现问题，就会违背促进旅游业的可持续发展的初衷，不仅不能起到促进作用，反而会使旅游资源受到更加严重的破坏，使旅游业的发展受到影响。

旅游规划的作用非常重要，只有高水平和高质量的旅游规划才能使生态旅游真正实现，才能发挥其在整个旅游业的可持续发展中的重要作用。高水平的生态旅游规划应该符合三个标准：第一，把商业性的旅游活动与旅游地资源保护结合起来，即在获得经济效益的同时，使旅游活动对环境的破坏降到最低程度；第二，保护并支持发展有地方特色的旅游文化活动，协助恢复被破坏的自然生态环境；第三，对旅游地当地的经济发展进行支持，促进资源开发与自然环境之间和谐统一的关系的形成。

第二节 生态旅游规划的目标

一、生态环境保护与生态旅游发展相互协调

生态旅游资源及其环境的保护是生态旅游地可持续旅游规划的基本目标，要使生态旅游的资源环境和生态旅游业全都进入发展的良性循环之中，生态旅游资源及社区文化所共同依赖的环境全都得到维护。环境与人类的生存息息相关，环境既是自然和文化资源的存在基础，又能对人类经济活动产生的废物进行自我净化，还可以满足人们对舒适性的要求，所以，要清楚资源及环境的可承受范围和影响环境的因子，通过对影响因子的规划管理，对各种影响进行全方位的控制。

二、促进旅游地社区经济的发展

生态旅游与大众旅游有很多的不同点。尤其从受益者的角度来看,旅游开发者和旅游者往往是大众旅游的受益者。虽然当地社区和当地居民也能从中受益,但他们的受益往往是以资源环境的损失和消耗为代价的。而生态旅游的基本特征之一是在不破坏生态环境的情况下开展旅游活动,它不仅仅努力争取生态旅游地的良好经济收益,同时也注重对旅游资源利用的良性循环的促进。生态旅游的开发要在旅游开发者、旅游者、社区及其居民间实现利益分享、公平发展。通过适当的广告宣传,生态旅游地的开发者可以招来高质量的生态旅游者,从而为其带来可分享的利益。社区人民生活质量的提高,是社会可持续性的具体体现,一般包含生活水平的改善、区域经济的增长、特色文化的昌盛、道德水平的提高、生存发展能力的增强、社会秩序的和谐以及居民素质的改进等内容,其中,在不付出明显环境代价的前提下增加人均经济收入是最根本的内容要求。

三、提供与生态旅游发展原则相协调的旅游活动

生态旅游者往往是为了获得良好的旅游体验,所以,旅游目的地对旅游需求的满足程度直接受到了旅游体验质量高低的影响。这种满足程度决定了旅游者数量的多少,反映了旅游目的地的吸引力,而旅游者的多少又直接影响着生态旅游业的经济收入。因此,生态旅游与积极的环境伦理道德必须是相一致的,要依托特定生态旅游资源,从各个主题形式出发,开拓多元化生态旅游市场,并促进专项旅游的发展,促进生态旅游地的可持续发展。

第三节 生态旅游规划的原则

一、综合规划原则

规划先行,统筹安排。在规划设计当中,应当全面贯彻执行国家相关规定和政策,兼顾生态旅游目的地的自然、社会双重属性,从生态、社会、经济效益全方位、多角度地进行考虑,做到以人为本,重点改善生态环境和当地居民经济现状。在规划过程中要始终贯穿生态理念,坚持人与自然生态环境的和谐,体现当地文化特色与内涵,最终带动当地生态旅游的发展。

二、生态首位原则

要保护生态系统多样性，维护生态系统稳定性，在规划发展的同时重视生态环境的建设和改善，并结合土地整治，集约利用土地。生态旅游着重强调的是保护自然生态环境，所以更应该在生产过程中强调生态与清洁的重要性，并且在整个产品产业链中采取环境预防策略，以减少生产过程中可能对人类及自然生态环境造成的危害。生态环境保护是当今时代的大主题之一，开展生态旅游活动时，必须注意保护当地的自然和人文环境，实现可持续发展。

保护环境、维护生态已成为全球性的重要问题。无论是政治家、科学家、企业家、还是其他有识之士，都在以慎重的目光审视人与自然的关系。有效地维护生态系统对保持景区的自然性和原生性以及确保景区的可持续发展至关重要。中国的旅游业正在经历迅速发展及深刻变革。虽然从总体上来看，旅游项目开发越来越重视环境及生态系统的保护，但在许多具体的案例中仍旧显现了多方面的问题。许多旅游规划以经济效益为主要目标，漠视旅游规划的生态效益和社会效益，呈现出十分功利的倾向，对具有不可逆性的生态环境影响的重视不充分，极其不利于旅游业的可持续发展。

生态旅游强调对旅游对象的保护，明确反映出了保护自然的要求和责任。在生态旅游规划中，要非常重视生态学规律，强调合理利用自然生态系统，创造功能完善的人工生态系统，保持生态系统的稳定性，使生物多样性不会遭到破坏。生态旅游与大众旅游有着明显的区别，生态旅游以生态旅游景观为中心，有选择地满足旅游者的需求，进行有计划的空间拓展，努力提高社区居民的生活质量，保证社会效益、经济效益和生态效益的顺利实现。

首先要尽可能地减少对原有地形地貌的破坏，确保当地的自然资源不遭到破坏。其次是对旅游目的地附近的湖泊、河流、溪水及其周围的水环境进行保护，同时在能耗方面也要大力提倡可再生清洁能源的使用，如天然气、沼气、电能、太阳能、风能等，还要控制烟花爆竹的燃放及周围农田的烧荒行为，生态旅游目的地内还应限制音响、机动车等产生的噪声，尽可能消除产生噪声的声源，并严格执行国家相关噪声环境标准，以免破坏自然环境的宁静氛围。

在生态旅游目的地的生态系统中，物质是可以循环利用的，如花生丰收后产生的副产品花生藤蔓，在经过一定的加工处理后便可以用作家畜的饲料，从而进入家畜生产链，而家畜的粪便等又是农田天然的有机肥料，也可作为生产沼气的原料，再次转入分解链。生态系统中物质和能量的利用效率随着物质循环而增加。通过再生利用生产的废弃物，生态系统的产出得到了增加，而生产成本却大大降低了，还使废弃物的各种污染问题得到了一定的解决。因此，对生产中的废弃物进行再生利用，从而在规划设计中达到清洁生产的效果，更具可持续性。

三、注重文化原则

保留本地特征，发展地方民俗文化，重视并发挥当地自身的地域特色，进行深层次人文景观和文化的挖掘和塑造。区位因素和气候环境等的不同导致各地区自然资源和人文历史之间存在着差异性，并且形成了各具特色的建筑、景观、民俗等。在进行规划的过程中，不仅要考虑如何保护利用好当地特色资源，还要挖掘出当地特有的人文历史和文化传承，从而突出当地与众不同的景观特色，包括各地区的民风民俗、艺术文明、审美情趣、建筑风格等要素以及其特有的自然景观及文化景观，以此形成鲜明的个性，对旅游者产生浓厚的吸引力。

四、便捷舒适原则

对旅游者提供的方便服务主要体现在生态旅游目的地的信息咨询中心，对内对外交通系统，多种社会基础设施，餐饮、购物、住宿等服务设施，服务的礼貌热情等方面。旅游者大多是出于释放学习、工作、生活、人际的多种压力与不适的目的去旅游玩乐，所以旅游目的地要满足交通便利、环境优美、空气清新、安静舒适、气候适宜、绿色生态等要求。

五、多方参与原则

生态旅游目的地的最终目标是实现自然生态环境良好、地区财政经济可持续发展、当地居民生活与生产水平提高，因此，当地居民并不是可有可无的角色，而是实现生态旅游目的地生态环境规划的关键环节之一。一方面，乡村旅游目的地生态环境规划编制的整个过程需要当地居民的大力参与，乡村旅游目的地生态环境规划的实施也需要当地居民的监督和把控；另一方面，生态环境保护以及传统景观和民俗民风的保护继承都需要当地居民的重视和传承。

生态旅游项目的开发也少不了当地居民的参与和协助。因此，当地政府部门应对当地居民进行管理协调，保证当地居民的参与，保证每一步成果都征求居民的意见，然后吸收其中的合理建议，力求达到最好的规划效果。规划过程有了当地居民参与，当地居民的利益能够在规划过程中得到体现，从而就会成为生态旅游目的地生态环境规划真正的受益者，这样，他们便会更加自觉积极地保护生态环境。

六、安全为首原则

在生态旅游目的地生态环境规划过程中,生态旅游中旅游者的安全和绿色通道中旅游者或当地居民的安全应当引起规划者和管理者的重视;为维护旅游者的合法权益,要坚持对旅游者负责的态度,保障旅游者在观光游览过程中的生命安全及健康状况不受到威胁,始终为旅游者提供有保障的生态旅游服务。因此,在一些特殊的生态旅游目的地,如滑雪场、矿坑、河流、森林等地,要设置必要的救生设施和医疗设备,以保护游客和当地居民的健康和生命安全。

七、长远发展原则

注重保护资源,着眼长远发展,在生态旅游目的地生态环境规划中始终遵循可持续发展理念。根据当地实地状况进行选择性开发,留有发展余地,主要是指当地自然资源以及利用开发深度之间的平衡,内容包括:①资源的节约,不可再生资源要尽量减少使用,如矿产资源等;②对可再生资源谨慎使用,如风能、太阳能、生物能等;③各种废弃物的减少,最好做到物质循环利用。要在开发利用程度没有超过社会限度和环境限度的条件下,追求生态旅游目的地规划开发的经济效益与社会效益最大化,并将社会治安混乱等负面影响降到最低,更要控制资源的破坏和环境质量的下降的消极影响。

总而言之,可以将资源保护概括为,在发展经济、改善和提升生态旅游目的地居民生活质量的基础上,合理利用资源(包括能源、水资源、土地资源、景观资源等),保护环境(自然、人文、生产环境),在和谐、生态、进步的基础之上做到长远发展、有质量的发展、有道德的发展,达到自然、生产、人文多方共生,生态旅游目的地生态环境可持续发展的目的。

八、保护原生态文化原则

从宏观上来讲,保护原生态文化是文化社会学研究的范畴,文化社会学的研究对象是文化现象产生、发展的规律及其在现实社会中的功能。长期以来,从政府层面、理论层面到现实生活中对非主流文化的态度存在诸多问题。原生态文化的保护问题实质上是对民族文化的保护问题的研究,也是涉及中华民族文化安全的问题。

原生态文化、地域文化是民族文化构成的最基本的单元,坚持维护文化的民族性具有多方面的意义。中国人民大学博士童萍女士在其专著《文化的民族性问题研究》中对此做过概括。第一,民族文化是抵御外来文化侵略的天然屏障；第二，民族文化是世界文化多元化的组成部分；第三，民族文化是文化交流的基础；第四，民族文化是民族认同感的前提。

因此，保护原生态文化及原居民是原生态旅游区规划中不能放弃的准则。保护原居民是一个既揪心又纠结的话题。例如，湖北咸丰坪坝营的少数几户村民的贫困生活状况常常触动人心。有一个十来岁的小女孩，在一家私人餐馆里做帮工，脚上穿了一双不知道磨了多长时间的破旧长靴，跑前跑后，忙进忙出，这个时候如果按照相关法律指责老板非法雇用童工似乎不太合适，或许应该反过来看才正确，因为在所有的权利中，生存权才是最重要的。十来岁的年龄，还是在父母怀中撒娇的年龄，应该快乐地学习、快乐地游戏、快乐地生活、快乐地成长，这才是她应该有的生活状况，但应该的状况却不是现实的状况，现实与应该之间竟然还有那么大的差距。在中国的西部山区，这种情形更是十分常见。

在旅游业的开发中，相关方面特别是开发商必须承担其社会责任，应该实实在在地为原居民带来利益，让他们分享旅游发展的成果。对原居民的保护原则体现在景区发展的各个阶段，在规划阶段需要制定原居民保护及发展规划，这一规划包含在总体规划之中，其中主要的内容有原居民安置规划、原居民劳动力的使用规划、原居民为景区配套产业发展规划等。

九、前瞻性、连贯性、适度性原则

孙子兵法《谋攻篇》说"上兵伐谋"。这里的关键词"谋"的核心含义就是前瞻性。从规划的功能角度来看，前瞻性是其核心的要素。国内旅游规划尚处在稚嫩的阶段。存在的问题主要表现在以下两个方面：首先是前瞻性不够。目前很多旅游规划只是为了规划而规划，并没有站在一个较高的层面上进行布局，造成了规划的浪费。其次是连贯性不够。旅游规划实施后，相关方对总体规划的基本原则随意改变，失去了规划的意义。

很多规划尤其是政府部门委托的规划，没有明确的目的性，或者是为招商，或者是为完成任务而进行规划。在规范的内容上对资源优势夸大其词，对相关数据随意编造，而对其应该关注的环境保护、生态平衡、协调发展等问题又不能从实质意义上去控制，这类规划的作用可想而知。这种浮躁的表现不仅限于政府部门，所谓的资深规划设计单位也缺乏职业道德，当他们接受委托后，对旅游资源不做全面有效的分析，而是编造数据、生造概念，搪塞委托方，收了设计费后溜之大吉。这种方式形成的所谓规划根本谈不上前瞻性和连贯性。

规划的前瞻性和连贯性原则提出的直接要求是规划的适度性。所谓适度性则必须考虑规划区内自然、经济、社会及其他相关因素的变化,为这种变化预留空间。另外,对于未知的相关问题,也应预留空间,只有这样才能有效避免重复规划以及破坏性建设等重大失误。

十、选择热爱景区的规划师原则

从某种角度上讲,景区创造的是艺术而不是产品,艺术需要激情,进而才能创造出有震撼力的作品。所有这一切均应出自景区规划师对艺术的热爱或者是对自己所从事的事业的热爱。不能想象一个不热爱景区的人能够建设好、经营好景区。热爱是打造一个优秀景区的前提。乔布斯说过,设计是个非常有趣的词,为了设计出好的作品,一定要理解它,需要设计者充满激情。正是这种激情让乔布斯成为深刻地改变了我们这个时代的伟人之一。因此,在景区规划师的选择上,除了工作能力,对规划的本职工作和景区的热爱也是首要的选择标准。

第四节 生态旅游规划的支持保障体系

一、支持保障体系概述

生态旅游规划的支持保障体系是以生态旅游发展的专门需要为前提,通过规划手段科学合理地调动社会经济系统中已有的支持力量,组合或创造新的支持保障力量,以便为生态旅游产品的生产和实现市场交换提供必要的支持保障。为了使生态旅游实现可持续发展,支持保障体系应为绿色体系,即"绿色"涵盖开发建设,推出绿色产品,实行绿色经营、绿色管理以及绿色消费。

生态旅游支持保障体系规划的内容主要包括:生态旅游交通及设施、生态旅游服务设施、生态旅游基础设施、游览娱乐设施、购物设施、生态旅游从业人员的生态教育与培训生态旅游者和社区居民的生态教育与管理等。

二、生态旅游交通设施

(一)航空交通

航空交通具有速度快,航行距离长等优势。航空交通的出现,特别是喷气式大型客机的使用使人们感觉世界仿佛缩小了,地球被人们戏称为"地球村",人与人之间的交往程度也更加密切了。航空交通大大缩短了空间距离,为进行远距离、国际间的旅游提供了前所未有的条件。航空交通的缺点是成本很高,而且能源的消耗量也非常大。但是它的优点在长途旅游中非常明显，不但快速，而且节省时间，不会受到路面上各种地势条件的影响，能够跨越各种天然障碍，使旅游者能在短时间内到距离遥远的旅游地旅行。特别是对于距主要客源市场较远的旅游地，如果缺乏航空交通条件，就很难发展较大规模的国际旅游业务，从而对旅游业的发展会产生非常明显的影响。

（二）铁路交通

铁路交通的优点很多。铁路交通的载运量很大，运输价格不高，不容易受到各种气候变化的影响，能耗和污染小，安全系数在各种交通工具中也是比较高的。铁路交通工具在作为旅游交通工具时，与其他交通工具相比，优势更加突出。对游客来说，铁路交通价格实惠、安全舒适、方便快捷，游客在车厢内还可以欣赏沿线的优美自然风光。因此，目前铁路运输是中国国内长距离旅游的运输骨干。但是，修建铁路工程造价高，受经济和地理条件限制，很难在短期内修建延伸。所以，在目前我国经济发展水平的条件下，如果仅仅是为了发展旅游业而修建铁路，从经济原则上讲，是不可行的。应当肯定的是，铁路的修建将提高西部地区生态旅游地的发展。

（三）公路交通

公路交通是最重要和最普遍的短途运输形式，其突出的优点是灵活性较大，对自然条件适应性强，公路建设投资少、见效快。其不利方面是运载量小、速度慢、运费较高、受气候影响较大等。因此，只适宜短期和短途旅游。例如，目前进入川西生态旅游区的交通形式是公路交通，公路甚至已深入了生态旅游区内部，如九寨沟、四姑娘山等。但公路等级普遍还不高，加上沿线山地灾害时有发生，导致交通时断时通，直接制约了游客客流量的增长。因此，应逐步提高道路等级，改善道路状况。

另外，我国目前也广泛修建了从旅游中心城市到著名风景区的高等级公路，以缩短旅行时间，增加游览时间。但是公路建设会破坏自然景观和植被、干扰野生动物的活动。大量汽车进入景区，还会带来汽车尾气污染、噪声污染、交通拥挤等环境问题。

（四）水路交通

水路交通具有运载量大，耗能少，成本低的优点。从旅游角度看，江河两岸往往是旅游资源集中的地方，如长江三峡、漓江。游客在乘坐轮船去往下一个目的地的过程，其实也是欣赏游玩，观看景色的过程。旅客在船上可以非常的舒适和安闲,乘坐轮船的过程本身就是旅游活动的一部分,这是其他旅游交通设施所难以比拟的。例如,在川西生态旅游区,水上交通设施使用较少,在部分景区可以考虑有限制地开发水上观景活动。开展水上观光时,应严格禁止使用机动船,避免噪声污染和油污染。

(五)特种旅游交通

在生态旅游区内,应该开辟专门供游客散步、赏景的游览步道,用碎石、石板或木板筑成,步道闭合成环线,沿线设置指示标牌和解说牌。指示标牌上注明游览线路,解说牌则说明该景点的名称、特色、主要动植物的图片等。游道的设计要充分考虑到游客的安全问题。例如,在有台阶的地方应用较醒目的颜色加以区分,避免游客跌倒;较危险的地方一定要设置警示牌和栏杆;另外可以考虑为残疾人设计一条无障碍通道,体现对各类人士的关怀。例如,九寨沟、黄龙的游览步道采用的是悬空式木板桥,既便于游客近距离欣赏美景,又不会对自然景观和植被造成破坏,是较为成功的例子。需要改进的是指示标牌和解说牌的配置与设计,指示标牌和解说牌的制作材料应选用天然材料,体现自然野趣。另外,在有些景点可以提供一些供游人选择的长距离、道路较粗糙、风景各异、游人不多的徒步旅行道路。在游人住宿区,还可以开辟公园式步道,这些步道配置有低矮的路灯及优雅的音乐,可以供游客夜间使用。

在旅游地交通建设规划中,特种旅游交通"索道"的建设争议最大。一种意见认为:索道安全、省时、省力,便于旅游者活动和旅游业的发展;另一种意见则认为,索道有损风景区的自然美,破坏了自然景观的完整性和和谐性。近年来,全国各大风景区都先后建成了索道,包括一些世界自然遗产(如黄山、泰山、峨眉山)在内。我们认为在生态旅游区要尽量少修建索道,索道的最大弊端是会使旅游区的自身面貌受到不同程度的破坏。

当然,与修建盘山公路相比,索道要优越得多。索道在空中架设,能适应各种自然条件,在地面无须建桥梁、涵洞,不需开辟大量土石方,只需少量支架,而且支架间距长,直线爬坡仰角可达45度。生态旅游区内不能修建公路,因此,在某些地方可能确实需要修建索道,以解决游客运输问题。如果确实需要修建索道,则一定要坚持与景观协调的原则。如黄山索道的选线(从云谷寺到北海)较为隐蔽,比较成功,泰山索道线路(从中天门到南天门)隐蔽性就差一些,如果选择在沿后山的上山小路走向,则较现在的线路更为合理、隐蔽。另外,在索道的建设过程中,要尽量不破坏自然风貌,变砍伐树木为移植树木也是比较好的方式。

三、生态旅游服务设施

（一）游人中心

游人中心集游人解说中心、环境教育中心、接待站、咨询处、管理处、购物、餐饮、停车场等为一体，既是游人活动集中区，也是景区管理中心。一般在景区入口处附近选址修建游人解说中心，提供多媒体展示和咨询服务，迎接旅游者并向他们介绍生态旅游区的自然资源和文化价值、旅游者的行为规范以及野外露营探险活动安全指南。游人解说中心的建筑物既要与自然环境融为一体，又要与之形成对比。例如，在四姑娘山景区，可以将游人解说中心建在沙坝镇，在游人解说中心展示四姑娘山的三个主题，一是景观资源（冰川、冰缘地貌、高山湖泊、峡谷、飞瀑、原始森林、高山草地及人文景观），二是动植物资源（植被垂直带谱、珍稀植物、珍稀野生动物等），三是景区的文化和传说等。

（二）住宿设施

一般旅游区，往往都要修建大量的豪华宾馆。但现在宾馆建设的普遍趋势是高层建筑日益减少，以不超过十层为宜，越来越多地突出民族风格，尊重地方风俗习惯，如印度与中国的宝塔式建筑，西欧一些国家还利用古代废弃的驿站、客栈、城堡、宫殿来改建旅馆等。

住宿设施的规划建设主要需考虑三方面的问题：一是根据旅游需求预测床位数；二是从保持自然特色和民族风格的角度研究住宿设施的位置、用材、密度、风格、级别与类型；三是考虑未来扩建的可能性。下面介绍另外几种适合在生态旅游区布置的非永久性旅游住宿设施。

1. 小木屋

小木屋是一种生态的、经济的住宿设施，特别适合在生态旅游区建造。木材会释放出对人体有益的芳香物质，并且具有自然透气的"呼吸"效果，常住木屋是一种最无副作用、最自然舒适、最有效的物理治疗，尤其对头痛等由生活紧张、压力过重导致的脑神经系统疾病，鼻子过敏、鼻窦炎等空气污染导致的呼吸系统疾病，关节炎、风湿痛等湿热气候导致的疾病最有益。

木材是自然品，能吸收空气中的水分及二氧化碳，调节湿度，并能散发清新空气的芬多精，住木屋对人体最为有益。木屋可以用原木建造，也可以用原木加上其他材料建成绝缘、隔热的半原木屋。隔热绝缘的半原木屋能够绝缘、隔热。木屋不受地形限制，并且搭建、装配简便快捷。各个部件都可以随意拆装，这样可以大大节省人力、物力和时间。木屋有各种套型，内部可以布置各种住宿设备（浴室、卫生间等）供一家人或两家人同时使用。

2. 青年旅馆

青年旅馆是国际知名品牌，已有近百年历史。青年旅馆在旅游住宿业掀起了一股新风，开创了旅游业的全新住宿概念，并且在它的经营理念中融进了环境保护理念。青年旅馆的要求是"洁净舒适和友善"；提倡的是"自助式旅游"和"绿色环保式生存"；设施相对简陋，但干净整洁，青年旅馆对环境的要求非常高，垃圾必须分类，不准使用一次性的拖鞋、牙具等日用品，而且这些用品还要依靠游客自己带来，用完了必须自己带走。

3. 帐篷

帐篷也是适合生态旅游区的一种住宿设施，帐篷组装快速，三个人在1小时内可完成组装，30分钟可完成拆卸；重量轻，偏远山区也能轻松送达；功能多，既可以用作临时住宅，也可以用作临时救护站、临时指挥所；有的帐篷屋内还含化粪槽，接管后马上可以使用，可以解决公厕建造的时间问题，免除搭建厕所的困扰。因此，在生态旅游区，可以划定一块区域作为野营区，供露营爱好者使用。

（三）餐饮设施

一般旅游区都有各种类型的餐饮设施，如绿色食品厅、豪华餐厅、地方风味餐厅、快餐厅等。应创建绿色饭店，饭店设置有水吧、酒吧、咖啡厅、自助餐厅、茶楼等。餐饮消费是游客开销较大的方面，因此，要有足够数量与质量相称的餐饮设施。同时，餐饮废物也是污染景区环境的污染源之一，会影响游客的体验；随意丢弃的塑料食品包装袋会造成令许多景区头疼的白色污染。解决这些问题除了要加强管理、治理与教育外，最根本的办法是要截断污染源。

在生态旅游区内，应当沿游道规划出一定范围、一定数量的就餐区域，在此区域内布置餐饮点、分类垃圾箱、凉亭和座椅等设施，既是游客就餐区（游客只能在此区域内就餐），也是游客休息区。就餐区内的各餐饮点应以提供成品或半成品的无油烟、包装易解的快餐食品和可以回收包装的饮料为主，不使用塑料包装袋。在生态旅游区外，可以划定范围较大的较为集中的餐饮区，布置各种风格的餐厅，提供各国、各民族的风味食品。

四、生态旅游基础设施

（一）供水系统

旅游区供水是否充足，是影响该旅游区能否正常运转的重要条件。生态旅游者对旅游地及景区的供水量和水质都有较高要求。因此，供水应不间断，而且要方便、充足、水质良好。旅游区往往耗水量很大。比如游客在旅馆入住的休息时间，需要洗澡、喝水等，所以旅馆每间房每日耗水量都很大，一些体育设施，如游泳池也要消耗巨量的水。而且，旅客的用水时间是比较集中的，比如游玩了一天，旅客很有可能在夜间回到旅社休息时，有集中地用水的情况。所以，要对高峰用水做准确的预测，以保证满足高峰时期游人的要求。为了提供足够的水，往往需要沿河修建水坝，铺设输水管道网络。例如，采取在生态旅游集镇修建自来水厂或者修建利用山区泉水的管道供水系统等措施。

（二）供电系统

旅馆客房一般耗电是每间房每天每小时 3.25 千瓦至 3.75 千瓦。电力系统也对旅游形象影响很大。必须保障供电的平稳和连续，因此有必要建设高压供电网。为了预防各种原因引起的突然断电，还要准备好预备发电设备。要对高峰用电负荷做准确的预测，以满足高峰用电的要求。供电电源种类应同目标市场游客的使用习惯相一致，因为游客（特别是外国游客）可能会使用各种类型的电器。在旅游区的每个旅馆和居住设施中都要安装变电器和稳压器。

（三）通信工程

高效的通信工程体系是满足游客需要的基本设施。旅游地通信和旅游景区的通信必须依托区域通信体系的整体发展。现代游客的通信需求离不开基站和网络的建设。在使用光缆传输的基础上，应加强移动通信建设的步伐，移动通信应加强数字移动网无线基站的建设力度。

（四）排污系统

以生活污水、固体垃圾为主的废物的排放关系到了环境的优劣和游客的健康，所以应当建立排污设施，制定一系列管理措施。游客住宿区和居民生活区的生活污水都必须经过处理后才能排放，所以必须建设污水处理站并铺设污水排放运输管道。在游览道沿途设置分类垃圾箱，由专人负责清运、回收。设置垃圾回收中转站，将垃圾集中运往垃圾处理厂进行处理。地面、水面、绿地做到全日保洁，随脏随扫。厕所的位置应较为隐蔽，不能妨碍景观及游人视线；

造型、用材应与景观协调。

（五）安全救助绿色系统

旅游发展赖以生存在的基础是游客的安全，作为旅游从业人员应意识到忽视安全将对整个行业带来的危害，旅游事故和犯罪给目的地带来的损害往往很难用金钱来弥补。当然，保护旅游者不仅仅是警方的责任，更应得到当地社会各方的关注和共同努力；旅游安全也不仅仅是旅游目的地的责任，而是整个国家乃至全球面临的共同问题。

生态旅游区往往地处偏僻之地，活动又带有探险色彩，建立完善的安全救助系统显得更为重要。景区管理部门应联合当地政府的公安、武警、稽查成立联防治安队或保安队维护景区的正常秩序，及时处理纠纷、预防犯罪、抢险救援。在观光危险地段，要设置防护栏杆和警示标牌，提醒游人注意安全。雨季还要定期派人员加以维护。洞穴观光需要给游人配发安全帽和训练有素的导游，严格按照规定的观光路线活动，标示警戒区段。水上活动要配备救生衣、救生艇，漂流河段应配置护漂人员，船只、器械要定期检查、维护。徒步探险的游客应装备卫星电话或小型发报器，一旦迷失方向或发生险情，可以及时和管理局取得联系。在经济条件许可的情况下，可以考虑配备小型救援飞机，以执行紧急的救援、运输任务。另外，还有必要设置医疗救护站，在旅游者遭受意外伤害或突发疾病时可以进行及时的、专业的处理和急救，并且和各级医疗机构联合开通生命绿色通道，以保证游客的生命安全。

（六）导引讲解系统

导引讲解系统是为了帮助游客了解生态旅游目的地自然风光和乡土风情的完备系统，解说的形式可以多样化，比如可以由当地土生土长的居民开展生动有趣的讲解，或是对当地本土特色物品进行展示等，向游客介绍本土生态、人文等内容。导引讲解系统的设计影响着游客对旅游目的地的了解程度和旅游体验深度。客观合理和生动形象的讲解不仅可以使游客产生亲近自然、热爱自然、放松充实的情感，还能引导游客在旅游活动中充分响应和表现对自然环境的友好态度，帮助游客开阔视野，帮助当地特色传统文化更好地传承。

（七）游览娱乐设施

游览娱乐设施往往是当地旅游业吸引游客的重要组成部分。此外，尤其需要注意的是，包括歌舞厅、夜总会、游乐场在内的一些特殊娱乐设施，不宜布置在生态旅游区内部，以免造成对自然环境的破坏，应布置在区外的游人活动集中区附近。可以设计具有生态教育意义的游人解说中心、生态资源展览馆、博物馆等游览场所；开辟野餐场地、攀岩场地、骑马场地等娱乐场所。

（八）购物设施

购物设施包括旅游纪念品商店、工艺品商店、旅游用品商店等等。购物设施,特别是一些小摊点,不能随意布置在游道两侧,同样应该集中布置在入口处。在购物区还可以向游客租借或出售野外旅游所需设备,如户外露宿卧具、背包、野营厨房厨具（炉具炊具）等。

（九）旅游集散中心设施

旅游集散中心作为城市旅游规划的基础设施范畴中的一部分,引入生态旅游规划中,可命名为生态旅游集散中心,即旅游总接待中心。作为一个承接的设施,生态旅游集散中心既要完成接待来访游客的任务,还要为游客安排食宿和介绍景点等,合理分配生态旅游目的地内游客的去向,在一定程度上控制整个生态旅游目的地的旅游容量。

另外,对车辆停靠的管理也是生态旅游集散中心的一项重要工作。大量城市游客涌入乡村,在保证车辆有序停靠的同时,还应遵循生态保护的原则,做到不破坏当地的生态系统。因此,在选择停车场的位置、设计其形状以及配置周边廊道、斑块时,应符合生态设计的要求。在规划停车场位置时,不能太靠近生态核心区域,比较适宜的位置应是不同区间廊道的交界处；停车场不宜建造外墙围合,应采用高大常绿树种天然围合,同时还可以起到吸氧防污的作用；车位之间隔离带植被的选择也应为吸污能力较强的树种,同时还可以防止此处车辆被阳光直射；停车场的铺装应以石材为主,选用固土防蚀的本地草种铺设在边角处,既美观又能实现雨水回收。

（十）生态型生活服务设施

生态型生活服务设施规划是对传统的农家院落里的生态系统进行整合与改造,利用景观生态学以及生态工程的学科原理建立和谐的生态关系网进行服务。通常包括生态庭院设计、水资源循环系统设计、垃圾分类处理系统设计、能源系统设计及建筑系统设计等方面。

生态庭院是生态型生活服务设施的核心部分。对生态旅游来说,为了保证游客能充分体验农家庭院的本土风情,不宜大面积地过度绿化,种植设计时可以采用果树、菜地及一些观花植物的组合,添加庭院视角上的色彩多样性。还可以建设生态农场产业,让游客亲身体会劳作的喜悦,学习相关农作知识。

第四章 生态旅游规划与生态环境保护

对水资源循环系统的合理设计关系着整个当地地区的生态环境。设计过程中应充分考虑节约循环使用水，将水资源的使用分类为雨水、灌溉用水、生活用水、卫生用水与景观用水等，并形成较为完善的水资源循环系统。该系统一般包括雨水收集系统以及污水循环转化系统。雨水收集系统主要将雨水、生活用水、景观用水等收集起来，再进行水净化，水净化系统的设计由水生植物组成；污水循环转化系统主要将人畜污水、厨房污水等经过处理后，作为农用灌溉水再次利用。

对垃圾分类处理系统的设计关系着当地生态环境系统的持续发展。从资源减排减量的角度出发，可设计绿色环保、安全便利的垃圾分类回收处理系统来保障当地的生态环境。首先，在旅游目的地中应减少或限制使用一次性物质，降低一次性垃圾的产生；其次，对垃圾可采取不同的有效分类，如分为有机垃圾与非有机垃圾。

能源系统的设计出发点是节能需求以及尽可能地普及清洁能源。这对于发展生态旅游来说有着很重要的实践意义。清洁能源的应用有很多种类，如风能、太阳能、生物质能等，这些不同类型的能源使用可以根据当地的自然条件来选择。

通常风能会受到风速的影响，生物质能需要足够的沼气原料，这些都受到了条件的限制，唯有太阳能比较容易获取，因此可以着重设计以太阳能为主的乡村能源系统，同时充分考虑相应的建筑设计，如建筑物的朝向、植被对光照时间和条件的影响等。

庭院的绿化植被可以选取高大的本地树种，这样可以保证在冬天也能获得充足的阳光；在建筑设计布局上，应促进自然风顺畅流通建筑内外，减少其制热的动力，以保证太阳能利用效率的最大化。

建筑系统的规划设计应做到尊重自然环境，尽最大努力做到与周边景观相融合。在建筑色调的选用上，可以与乡村生态文化背景相协调；在建筑风格上，可以充分体现与当地自然生态环境一致的质朴亲切感；在建筑材料的使用上，要尽量多地选用环境友好型材料。此外，建筑物的总体布局还应考虑结合周边自然景观与农家庭院的整体格局，设计时充分利用阳台、窗户等位置来增强观景感受，使建筑与自然融为一体，使游客不会感到视角遮蔽，从而更加亲近自然。

五、生态旅游从业人员的生态教育与培训

旅游业是充满激烈竞争的行业，要想在竞争中占据优势，就要配备高质量的从业人员，为此应把旅游人才培养作为一项中心工作来抓。

（一）管理人员的生态教育与培训

1. 培训目的

使培训对象对生态旅游的性质、特点、经营和管理等有全方位的认识；对生态旅游及其与旅游业可持续发展关系有清晰了解；加强有关生态经济理论、生态管理方面的学习；提高环境保护与管理意识，以便在改革中选拔生态素质高的人才进入管理层次，建立经营的新机制和生态管理的新模式。

2. 师资及培训对象

①师资：聘任业务能力强并且有生态理论与生态旅游知识的高级教师、省内和国内有关生态环境保护学等专业的专家作为兼职教师或做专题授课与咨询，各生态旅游区间互派优秀管理人员讲学等。

②培训对象：市县旅游局、生态旅游区干部以及生态旅游区所辖县、乡、镇、村的基层干部；涉外饭店、星级宾馆、旅行社总管和经理；交通、商贸等总负责人或总管等。

3. 培训内容与方式

①培训内容：有关生态学生态经济学和环保等基础知识；生态旅游的性质和特点及与其他产业的关系；生态旅游经营、管理和旅游可持续发展理论等；研讨本地旅游业中有关生态旅游与生态环境的重要问题等。

②培训方式：培训、轮训制，举行专题讲座，研讨会，组织考察学习，各旅游区互派干部"留学"等多种方式。

（二）投资者与经营者的生态教育与培训

1. 培训目的

全面掌握生态旅游区开发原则、评价标准、市场需求等；提高环保意识，了解生态环境的重要性与可持续发展理论；加强法制观念，了解有关政策法律和法规等，且遵守有关"行为准则"；学习生态旅游有关知识，全方位提高综合文化素质。经培训考试合格，发从业许可证后，才准许运作，且应定期轮训。

2. 师资及培训对象

①师资：环境生态学和规划设计等学科专家，环保局林业局、旅游局、建委等部门领导和专业技术人员。

②培训对象：各生态旅游区的投资者、各生态旅游区主要负责人、经理等。

3. 培训内容

有关环境生态学与生态经济学的理论、环保知识及可持续发展理论；自然保护区与森林公园规划设计旅游规划设计、生态旅游规划设计；生态旅游区开发经营原则；环境保护和自然保护区的有关政策、法律和法规；经营者的职业道德和行为规范等。

（三）导游及服务人员的生态教育与培训

1. 培训目的

了解环境保护与生态旅游有关知识；全面掌握自己所在生态旅游区的自然环境、自然资源和人文景观概况及其特色；培养有环境意识、责任心强的生态旅游导游和专业领队。经培训、考核合格后才准上岗，且进行定期轮训。其中包括岗前培训、定期考核、颁发合格证书，且要与评定技术职称、聘任、持证上岗结合起来。

2. 师资及培训对象

①师资：旅游学校高水平的教师；高校和科研单位有关专业的专家；省内外高技能、优秀导游等；环保局与旅游局有关领导；宾馆、饭店总管和经理；生态环境、环境保护教学有关教师等。

②培训对象：旅行社和景区导游员；旅游局有关工作人员。旅游住宿和餐饮服务员；宾馆饭店和客房服务员；景区服务员等。

3. 培训内容与方式

①培训内容：旅游资源类型特色与环境关系；生态学理论生态旅游与环保知识；导游服务质量接待宾客礼仪、咨询服务；旅游外语会话等。有关生态旅游与环境保护知识；服务指南等。

②培训方式：旅游淡季轮训、现场传授和表演报告会。

六、生态旅游者和社区居民的生态教育与管理

（一）生态旅游者的生态教育与管理

对游人进行生态教育和管理的管理措施如下。

①加强环境教育中心工作。旅游者在游人中心的环境教育中心接受有关教育，中心提醒游人按"生态旅游指南"参与生态旅游。

②严格控制游人容量。例如，根据初步计算，九寨沟旅游区每日容量应以

4000 至 6000 人为宜，黄龙旅游区每日以 2000 至 3000 人为宜。坚持世界自然遗产地和自然保护区旅游开发中的"三高一小"原则，即高层次、高消费、高收费、小容量。

③旅游区内绝对禁止一切旅游车辆进入。在旅游区仅能乘坐生态型交通工具，若骑马旅游应按规定线路进行。

④加强宣传教育。对游人进行环境知识教育和宣传，组织游人参与保护环境。禁止游人的不文明行为。

（二）社区居民的生态教育与管理

旅游项目的开发能否获得成功，居民的参与是非常关键的因素。在生态旅游目的地的规划过程中，居民的社区参与在政治、经济、文化、心理等多方面会有积极的带动作用，还会在未来开发管理的机制及利益分享方面等有正面影响。社区参与的方式丰富多样，对本土居民而言，可以参与生态旅游开发规划中每项进程、发展决策的制定以及利益分享机制的构建，参与旅游知识培训工作、旅游管理工作等。

提高当地居民的环境保护意识的方式有很多种，宣传教育是其中必不可少的手段，也是非常重要的手段。边发展边治理边宣传教育，使发展与治理同步是最行之有效的策略。生态旅游需要当地居民的积极参与，并努力改善当地居民生活条件。通常在开发过程中，当地居民扮演着三种角色，即雇员、经营者与股东，同时也象征了三种不同的参与方式。作为员工，是最基本层次的参与，任何居民均可以作为旅游开发项目的雇员；作为经营者以及股东受益人，居民可以参与经营、决策与分享收益等。

我国生态旅游目的地的开发有其自身的特点，项目开发发生区域既是生态旅游的活动场所，也是当地居民的生活场所，任何形式的旅游规划开发都与居民的生活息息相关。这样来看，对生态旅游目的地进行规划，更近乎对一个区域的发展进行规划，任何当地居民都是参与者；同时，任何当地居民也是经营者与决策者，可以分享旅游开发带来的收益及参与决策旅游开发的发展方向。

第五章 生态旅游项目体系与线路规划

近年来，我国生态旅游发展迅速，并且取得了显著的成绩，已经逐渐成为全国旅游业中特色分明、功能完善、效益明显的发展领域。本章主要分为生态旅游项目体系规划、生态旅游线路规划两部分。主要内容包括：生态旅游协作区、重点生态旅游目的地、国家生态风景道、跨省生态旅游线路、省域特色生态旅游线路等方面。

第一节 生态旅游项目体系规划

一、生态旅游协作区

根据不同区域的发展特点和发展水平，配合国家主体功能区建设和区域发展战略实施，以跨省域大山、大湖、大河区域生态资源为基础，选择资源丰富、品牌优势显著、交通基础条件较好的区域，以重要生态功能区为空间单元，突破行政区划限制，建立合作框架和机制，加强旅游资源区域合作和资源共享，错位发展、集群发展，通过整体规划建设互补的旅游产品群。构建生态旅游协调机制，加强旅游标准、管理和服务对接，构建跨区域旅游协作网，加强重点景区与高速公路、高等级公路连接线建设，形成以铁路、公路和航空相结合的旅游立体交通系统，实现跨区域联动建设，依托国家重点生态工程，加强生态建设和环境保护，带动区域社会经济发展和生态文明建设。

（一）燕山、太行山生态旅游协作区

1. 区位特点

该区地处燕山和太行山腹地，属内蒙古高原和黄土高原向华北平原过渡地带，是京津冀生态保护的屏障，地貌多样，森林、湿地、草地等生态旅游资源丰富，历史沉淀厚重，文化古迹众多。

2. 发展思路

充分发挥太行山、燕山山水生态优势、多元文化优势、广阔地域优势，加强旅游资源整合和开发，打造一批高品质旅游景区和旅游目的地，重点发展山水休闲游、康体健身游、自然探险游、生态科普游等产品。结合京津等周边城市消费趋势，重点推出适合自驾、生态休闲游的短期旅游线路，构建自驾车房车营地体系。加强河北、山西、内蒙古三省区旅游合作和资源共享。

（二）环渤海生态旅游协作区

1. 区位特点

环渤海是指环绕着渤海全部及黄海的部分沿岸地区所组成的广大区域，是东北、华北、西北和华东部分地区的主要出海口，是中国北部沿海的黄金海岸。环渤海地区山地、平原、海岸资源丰富，气候四季分明并深受海洋影响，历史悠久，区域经济发达，形成了燕赵文化、齐鲁文化和关东文化等地域文化景观。

2. 发展思路

整合海洋资源，发展滨海休闲旅游，依托环渤海港口城市，重点发展滨海度假旅游海洋休闲旅游和海岛生态旅游，培育邮轮、游船、游艇及相关海洋休闲产业。开发环渤海滨海生态休闲度假旅游带，加快打造入境旅游通道，加强国际旅游协作，积极培育旅游口岸城市。在旅游线路组织、旅游集散体系建设等方面强化合作，逐步建立互送客源、互为旅游目的地的合作机制。加强旅游标准、管理和服务对接，合作开发旅游精品路线和营销网络，共同建设环渤海黄金旅游带和无障碍旅游示范区。

（三）陕蒙晋豫黄河大峡谷生态旅游协作区

1. 区位特点

陕蒙晋豫黄河大峡谷西依辽阔雄浑的鄂尔多斯高原，北邻阴山山脉，东靠群山起伏的晋北山区，南接晋陕—晋豫峡谷。生态旅游资源十分丰富，自然景观壮美，历史文化底蕴丰厚。大峡谷地处中温带，属温带大陆性季风气候，冬季气候寒冷，夏季气候温和凉爽。

2. 发展思路

突出自然风光、人文景观、民俗风情及地域特色，以黄河水流、峡谷景观及历史、文化、民俗、传说为自然与文化资源依托，大力发展黄河水域观光、黄河峡谷探险、民族风情体验、沙漠观光探险等产品，深入挖掘"天下黄河"

的文化内涵，塑造黄河风情旅游品牌和总体形象。加强沿黄河旅游基础设施和公共服务体系的衔接，加强陕、蒙、晋、豫四省区旅游线路联系，发挥辐射带动作用。建立客源共享机制，联手整治旅游市场秩序，合力打造体现华夏文明、凸显黄河生态的旅游精品线路。

（四）大小兴安岭生态旅游协作区

1. 区位特点

大小兴安岭位于黑龙江省和内蒙古自治区中东北部，拥有丰富的森林及植物资源、奇特的地质地貌、壮丽的自然风光、浓厚的民风民俗，承载着独具特色的生态文化。

2. 发展思路

以林区生态旅游资源为依托，突出"极光、冰雪、森林、大界河"的主题，联合打造国际森林生态旅游胜地。大兴安岭以极地天文景观、少数民族文化体验、森林养生保健等为重点，小兴安岭以森林生态观光、避暑养生、地质观光、边境文化展示为重点，打造神州北极村、北极沙洲、界江游览等项目，建设具有森林避暑、养生度假、界江旅游、漂流体验、狩猎体验等功能的特色产品。联合发展森林避暑、草原旅游、养生度假、冰雪旅游、边境旅游、民俗体验等产品，组建大小兴安岭旅游联盟，加强区域旅游通道和精品旅游线路建设，联合打造森林生态旅游特色品牌。

（五）长白山图们江生态旅游协作区

1. 区位特点

长白山与图们江位于吉林省东南部，集山岳、国际河流、湖泊、瀑布、温泉、峡谷原始森林、火山熔岩林、云雾冰雪等生态旅游资源于一体，拥有独特的朝鲜族民俗文化。

2. 发展思路

充分依托《中国图们江区域合作开发规划纲要——以长吉图为开发开放先导区》的政策机遇，打造长白山图们江生态旅游圈。以长白山、白山、通化、延边生态资源和少数民族风情为依托，重点发展边境生态观光、山地度假、森林生态旅游、冰雪旅游、温泉养生和朝鲜族民俗体验等产品，建设以鸭绿江、图们江为两翼的集观光、休闲度假、边境旅游、跨境旅游等为一体的鸭绿江—长白山—图们江边境生态旅游带，推进与周边国家的旅游合作，实现东北亚地区生态旅游联动发展。

(六)浙闽赣皖生态旅游协作区

1. 区位特点

浙、闽、赣、皖四省相互交界处山水相依,生态优良,是华东最重要的生态屏障;旅游资源富集,是华东自然文化遗产最富集的区域;历史悠久,是良渚文化、古越文化、吴文化、客家文化最重要的孕育地,是"一带一路"的源头。

2. 发展思路

发挥浙、闽、赣、皖四省边际生态旅游核心区的地理优势,重点发展遗产观光、山地休闲、湖泊度假、科普教育等产品,加强黄山、庐山、九华山、三清山、江郎山、武夷山、龙虎山、泰宁等世界遗产地的深度协作,加快皖南国际文化旅游示范区建设,推进公共服务设施区域一体化,搭建区域联合营销与市场共享平台。完善区域协作机制,加大整体推进力度,实现外部交通快进快出、区域间交通无缝对接、区域内交通慢行体验,搭建区域营销与市场平台,构筑国家东部生态屏障,带动交界处欠发达地区脱贫致富,促进旅游业跨区域、大区块、大规模发展。

(七)罗霄山生态旅游协作区

1. 区位特点

罗霄山位于湖南和江西交界,是两省的自然界线,大部分属于原井冈山革命根据地和中央苏区范围,红色旅游资源丰富,其中井冈山是我国红色旅游的先行区,另外还有炎帝陵、汤湖温泉、大围山等资源。

2. 发展思路

依托井冈山,将区域内原中央苏区县红色旅游发展列入国家旅游发展战略,打造中央苏区红色生态旅游长廊;整合红色、绿色旅游资源,重点发展自然生态观光、山地养生度假、乡村休闲等产品,支持基础设施和生态保护工程建设,加强历史遗址保护和生态旅游品牌宣传推广,推动生态旅游与红色旅游、文化旅游融合发展,促进跨省协作。继续安排国家预算内专项资金,重点支持重点景区的基础设施建设和环境整治,支持相关区域的规划编制、教育培训、革命历史遗址的保护和维修、红色旅游品牌的宣传等。

(八)大巴山生态旅游协作区

1. 区位特点

大巴山位于川陕两省交界处,是我国自然地理南北差异的重要分界线,喀斯特地貌发育，包含大巴山水、嘉陵江风光、川东北地域文化、古蜀道等，资源富集，品质较高。

2. 发展思路

统领大巴山区域生态旅游发展，重点发展山岳生态观光、避暑度假、乡村休闲等产品。创新旅游资源开发模式和旅游产业扶贫机制。加强省际旅游线路连接和区域合作，增强旅游产业整体活力和综合实力，推动大巴山旅游主体功能区、国家级综合配套改革试验区、旅游产业扶贫国家级示范区建设。

（九）大别山生态旅游协作区

1. 区位特点

大别山位于鄂、豫、皖三省交界处，地处中原经济区、皖江城市带和武汉城市圈交汇带，森林、湖泊等旅游资源丰富多样，初步形成了以白马尖和天堂寨为中心的发展格局。

2. 发展思路

统筹设计旅游线路，错位发展、集群发展，建设天柱山、白马尖、万佛湖、天堂寨、花亭湖等生态旅游景区，重点发展森林休闲度假、科考探险、康体健身、研学旅行等产品，推进湖北罗田、英山与安徽金寨县的次区域旅游合作，打造线路一体、优势互补的大别山主峰旅游区；有序推进大别山区旅游精准扶贫，建立区域旅游扶贫成果共享机制，有效带动农户就业增收，推进大别山区连片扶贫开发。建设大别山旅游环线公路，带动鄂、豫、皖三省全方位的旅游交流与合作，建立区域旅游扶贫成果共享机制，促进大别山区旅游一体化发展，探索建立大别山旅游公共服务平台。

（十）武陵山生态旅游协作区

1. 区位特点

武陵山地处重庆市渝东南地区、湖北省恩施土家族苗族自治州和宜昌市、湖南省湘西土家族苗族自治州、张家界市、常德市、怀化市以及贵州省铜仁市界内。武陵山区是中国旅游资源最为丰富密集的地区之一，包含有武陵源—天门山、恩施州巴东神农溪纤夫文化旅游区、铜仁、梵净山等资源。

2. 发展思路

重点发展休闲度假养生、康体健身旅游、科普旅游、乡村休闲等产品，加强宜昌市、恩施州、张家界市、湘西州、铜仁市、渝东南等地区的合作，建立大武陵地区旅游协作发展的体制机制，联合打造促进民族地区旅游发展的示范区。利用丰富独特的山水生态和民族文化旅游资源优势，整合周边旅游资源，打造渝东南山水生态旅游、渝东鄂西山水风情旅游、张家界湘西风情旅游、湘西南山水文化旅游、梵净山生态休闲文化旅游等特色产业；开发以少数民族特殊医疗为基础的康体健身旅游、科普旅游，大力支持休闲度假养生、农业生态等产品建设；以黔江区、恩施市、张家界市、怀化市、铜仁市为旅游交通集散中心，以交通通道为纽带大力发展该区旅游业。

（十一）长江中游生态旅游协作区

1. 区位特点

长江中游地区包括云贵高原、四川盆地、江南丘陵以及众多湖泊，地质构造复杂、地貌类型多样、季风气候典型，包含高山、森林、湖泊、河流等多类型生态资源，是长江旅游经济带的重要组成部分。

2. 发展思路

全面推动生态旅游与文化旅游、红色旅游融合发展，大力发展水上旅游、自驾游、低空旅游，形成多样化、特色化、差异化的旅游产品体系。发挥长江水道和高铁优势，整合发展长江三峡、荆州—长沙、洞庭湖、九江庐山、鄱阳湖等沿江旅游线路，共同打造高铁旅游走廊等精品旅游线路和国内外知名旅游品牌。推动区域一体、水陆联动发展，探索生态旅游联合发展模式。

（十二）乌蒙山生态旅游协作区

1. 区位特点

乌蒙山片区处于云南、贵州和四川接合部，以生态旅游资源、红色旅游资源和少数民族文化资源为主，是少数民族聚集的连片特困地区，是全国新一轮扶贫攻坚的六大片区之一。

2. 发展思路

依托丰富的民族文化，重点发展自然遗产欣赏、山水观光、乡村生态休闲、人文生态体验等产品，以百里杜鹃、织金洞、威宁草海、习水古城、赤水丹霞、四渡赤水等景区为依托，推进旅游业与相关产业融合；深度挖掘和整合旅游资源，大力发展赤水河、大小凉山民族文化旅游，黄荆、织金洞、轿子山、百里杜鹃、竹海、燕子岩、赤水丹霞、赫章夜郎、天星等生态旅游区，发展以山水观光、自然遗产、乡村生态为代表的产品，打造精品旅游线路。促进生态旅游与民族文化旅游融合发展，推进民族文化与生态环境融合、旅游与城乡建设融合、以产业集群带动旅游转型升级。加强乌蒙山区域各省之间互联互通，提升城市、景区和口岸的交通条件，形成以高等级公路为主体的快速旅游通道。

（十三）滇桂黔喀斯特山水生态旅游协作区

1. 区位特点

该区地处滇东南与广西、贵州接壤地区，旅游资源呈片状分布，拥有集"清、秀、奇、巧、变"为一体的喀斯特自然风光和浓郁古朴的少数民族风情、独特的民族建筑等人文景观。同时，老、少、边、穷问题与石漠化问题交织，生态环境脆弱。

2. 发展思路

加强滇桂黔石漠化片区跨省协作，按照"区域发展带动扶贫开发、扶贫开发促进区域发展"的基本思路，着力加强基础设施建设，重点发展喀斯特山水观光、森林旅游、养生休闲、边关览胜、民族文化体验等产品。探索特色文化与生态旅游融合发展新路径，发展地方特色旅游商品，加大旅游脱贫攻坚力度，加强区域内交通基础设施衔接，形成优势互补的协作发展格局。开展以石漠化综合治理为主要内容的生态建设和环境保护，将滇桂黔石漠化片区建设成为国际知名喀斯特山水与文化旅游目的地、珠江流域重要的生态安全屏障。

（十四）北部湾生态旅游协作区

1. 区位特点

北部湾滨海度假生态旅游片区以南宁市为核心，是广西对接东盟的桥头堡，海洋型湿地型生态旅游资源丰富，是中国红树林重要分布地之一，生态旅游资源特色突出。

2. 发展思路

充分利用北部湾地区发展契机，加强北部湾区域与国内其他滨海旅游城市的旅游联动，重点发展滨海度假、滨水旅游、海洋科普、民俗文化体验等产品。抓好南宁青秀山、大明山，北海涠洲岛、银滩、冠头岭，钦州茅尾海、三娘湾，防城港十万大山、江山半岛等项目建设。完善北海、钦州、防城港的城市旅游功能配套服务设施，建设邮轮游艇码头。加强北部湾与东南亚滨海国家的旅游合作，将北部湾滨海度假生态旅游片区建设成为特色鲜明、服务一流的国际滨海度假生态旅游胜地。

（十五）西江生态旅游协作区

1. 区位特点

西江是华南地区最长的河流，为中国第四大河流。西江流域内有黔西南、黔东南、桂西、桂北和粤西北等岩溶地貌，生态旅游景区风格各异，资源极为丰富。

2. 发展思路

依托自然风光、民族风情、红色历史文化等旅游资源，重点发展喀斯特地貌与亚热带动植物观光、湖泊生态休闲、生态养生等产品，建立旅游战略联盟，整合旅游资源，合作开发优势特色旅游项目，培育一批具有区域影响力的风景名胜区、特色景点和精品旅游线路。推进桂林国际旅游胜地建设，规范巴马长寿养生旅游发展，推动设立崇左中越国际旅游合作区。

（十六）青甘川三江源区生态旅游协作区

1. 区位特点

三江源地区位于青海省南部、青藏高原腹地，是长江、黄河、澜沧江三条世界级河流的源头，包含有高海拔森林、湿地、野生动植物、原生态藏文化等生态旅游资源。

2. 发展思路

联合青海、西藏、四川三省区部门合作，共同建设三江源生态旅游区，重点发展江河源头生态观光、户外特种旅游、民族文化体验、高原休闲等产品，充分整合三江源地区的国家级自然保护区、国家森林公园、国家地质公园、国际重要湿地等各类自然保护地，形成区域生态旅游线路。在严格保护的基础上，改善内外部交通，完善旅游配套设施，挖掘生态保护价值、自然景观展示价值、历史文化原始价值，共同推广"三江之源，中华水塔"品牌形象。

（十七）祁连山生态旅游协作区

1. 区位特点

祁连山位于青藏、蒙新、黄土三大高原交汇地带，包括大雪山、托来山、托来南山、野马南山、疏勒南山、党河南山、土尔根达坂山、柴达木山和宗务隆山，自然景观绚丽多姿，人文景观丰富多彩，生态旅游资源得天独厚。

2. 发展思路

重点打造"青藏高原生物圈生态示范旅游区、冰川极地特种体验旅游区"，重点发展山地冰川观光、休闲度假、探险运动和民族风情体验等产品，突出地域特色，打造国际旅游品牌，形成区域性精品旅游线路。突出特色旅游城镇建设，打破交通瓶颈，完善沿线旅游服务功能，加强甘肃、青海两省祁连山旅游资源整体开发，建立利益共享、风险共担的联合开发机制，提高祁连山旅游的综合影响力和竞争力。

（十八）昆仑山生态旅游协作区

1. 区位特点

昆仑山西起帕米尔高原东部，横贯新疆、西藏之间，伸延至青海境内。包括雪山冰川、森林草原、野生动植物、人文风情等典型资源，地域文化特色突出。

2. 发展思路

整合区域生态旅游资源，利用草原、雪山自然风光，发挥昆仑山雪水等特色资源优势，重点发展自然风貌观光、户外特种旅游、民俗与宗教文化体验、科普教育等产品，构建以高品质的自然风貌观光为基础，以户外特种旅游产品为核心，以民俗与宗教文化观光、科普修学、艺术创作等旅游产品为补充的特色鲜明、类型丰富的旅游产品体系。打破地域界限，加强旅游服务设施建设，体现"万山之祖"的文化内涵，实现昆仑山旅游设施共享、线路联动、协同发展。

（十九）大香格里拉生态旅游协作区

1. 区位特点

大香格里拉地处四川、云南、西藏自治区三省区接合部。该区以横断山脉为主体，包括岷江、大渡河、雅砻江、金沙江、澜沧江、怒江等高原河流，曾是中国独特的民族迁徙演变的大走廊。

2. 发展思路

加强四川、云南、西藏三省区的合作，巩固和提升"大香格里拉"战略，共同建设大香格里拉生态旅游圈。重点规划建设稻城亚丁、康定跑马山、格聂山、海子山、梅里雪山、老君山、玉龙雪山、林芝、昌都等景区，发展高原生态观光、科考探险、康体健身、文化体验等产品，推行生态、环保、节约型的旅游开发模式。推动完善大香格里拉地区旅游公路、铁路和支线航空建设。建立健全大香格里拉旅游区工作联席联系机制。建立务实高效的区域旅游合作机制，加强旅游通道对接,强化安全应急救援,完善旅游公共服务设施,不断扩大和提升"大香格里拉"品牌形象。

(二十)贺兰山生态旅游协作区

1. 区位特点

贺兰山位于宁夏回族自治区西部与内蒙古自治区交界处,是我国一条重要的自然地理分界线,它既是我国河流外流区与内流区的分水岭,也是季风气候和非季风气候的分界线。贺兰山拥有西夏陵、贺兰山岩画、拜寺口双塔、水洞沟、沙湖等生态资源,还是国内最适合酿酒的优质葡萄种植基地。

2. 发展思路

整合周边景区资源,强化葡萄酒和生态旅游产业的融合发展,重点发展生态休闲、避暑度假、岩画欣赏、葡萄酒文化体验等产品,扩大贺兰山东麓葡萄酒产区的知名度,完善贺兰山东麓一线生态旅游和休闲度假功能,建设完善贺兰山岩画、西夏避暑行宫、苏峪口森林公园、星海湖湿地公园、北武当旅游区,打造环贺兰山黄金旅游圈和葡萄酒文化长廊,推进贺兰山区域旅游公共服务设施标准化建设,打造统一的服务标准、服务标识和票务系统平台。加快产权改革以及水电交通等基础设施建设,把贺兰山东麓葡萄长廊建成世界知名葡萄酒产区。

二、重点生态旅游目的地

(一)筛选原则

1. 资源品位高、开发潜力较大

依托自然环境较好、生态资源丰富、基础条件扎实、品牌知名度高的各类国家级自然保护地,选择具有持续、稳定的运行经费保障,使项目能够有效运转的产品。

2. 开发基础较好、综合效益显著

已经形成较为知名的生态旅游产品,具备较好的外部通达条件、市场开发潜力好、扶贫功能突出、综合带动功能较强,能较好地处理生态保护与旅游利用的关系。

3. 空间布局均衡、向特殊地区倾斜

充分考虑到中西部地区、省域内部在空间分布上的平衡及资源禀赋、交通可达性、开发潜力、示范带动性等因素，重点向贫困地区、生态脆弱区和生态屏障区倾斜。

（二）建设内容

重点生态旅游目的地有关开发建设必须遵循适度有序、保护优先的原则，不允许损害自然与人文生态系统和环境质量。

坚持高水平规划，高标准建设，完善生态旅游基础设施和公共服务设施建设，实施道路整修与建设、景观绿化美化、交通标识与环境解说系统、排水供电供暖系统、智慧旅游系统、垃圾污水处理收集、公厕等环卫设施、安全救援系统、防洪工程等建设，适当增加管理用房、科普展示用房及设施、消防设施、安防监控设施等。

调查重点生态旅游目的地的地质资源、生物资源、水资源和涉及环境质量的其他各类资源，评估开展旅游活动带来的环境损害，并采取积极措施，消除或减少污染源，加强对环境质量的监测。恢复历史遗迹风貌，加强环境整治与地质灾害防治。

三、国家生态风景道

生态风景道是一种在路旁或视域范围内，以较高审美价值的自然景观为主，兼有文化、历史和考古等景观的道路，是交通价值、美学价值、游憩价值、生态价值、文化价值等多重价值的融合。生态风景道是生态旅游与交通功能相结合的特殊景观道路，在发挥交通功能的基础上，又利用公路沿线的带状生态旅游资源，充分拓展旅游者在旅行途中的观景视域，将传统旅游经济学中的旅行成本转变为旅游者的特殊收益。推进国家生态风景道建设是推进生态文明建设的必然要求，是旅游行业提档升级的亮点工程和交通行业转型发展的良好着力点。

依托国家交通总体布局，考虑道路沿线生态资源或景观代表性、自驾旅游体验度、适度距离、综合带动性等因素，以国道、省道段落为基础，有机连接各类自然保护地，打造25条国家生态风景道。

国家生态风景道建设应具备安全性、游览性、舒适性、季节性和自然性。安全性具体表现在危险地段要设置交通护栏、栅栏与围墙等保护措施，充分保证安全；游览性则体现在道路与公园、湿地等绿色基础设施相结合，让游客可以观赏、游憩；舒适性是指道路设置应充分考虑游客的需求，方便高效，并且在分隔带的设置上考虑景观的变化，缓解驾驶疲劳；季节性是在景观设计及植物种植方面充分考虑四季的变化，做到四季皆有景；自然性则是结合当地自然景观设计，创造亲近自然，与自然融合的生态风景道。

国家生态风景道建设按照主题化、精品化和国际化的原则，加强生态风景道沿线资源与环境保护，避免生态系统物质流、能量流与信息流沟通障碍；营造层次丰富的景观空间，注意风景道分层结构和功能空间；建设游憩服务设施，结合公路自身和所在环境的要求设置相应的设施参数；完善安全救援体系，保障游客的安全出游；优化交通管理，实现道路从单一的交通功能向交通、美学、游憩和保护等复合功能的转变，促进旅游业与交通运输业的深度融合，服务于区域社会经济可持续发展。

第二节 生态旅游线路规划

一、跨省生态旅游线路

（一）发展重点

打破行政区划限制，整合区域生态优势、区位优势，在生态旅游品牌培育、联合宣传促销、旅游部门和企业交流合作、信息交流与共享、生态旅游人才培训合作等方面实现优势互补、互利共赢，促进与文化旅游、乡村旅游等融合，实现跨省生态旅游企业的跨区域合作，打造具有国际吸引力的生态旅游线路，形成旅游消费新热点，增强对沿线地区的辐射带动作用。

（二）具体线路

1. 燕山长城生态旅游线路

①线路主题。以长城游览、山岳观光、登山摄影为主题的生态观光、休闲度假、文化体验的景区。

②线路组成。主要依托公路为G45（北京—承德段）、G1（北京—秦皇岛段）等，覆盖北京、承德、天津、唐山、秦皇岛等地区。

③联动生态旅游景区。沿途串联八达岭长城、金山岭长城、兴隆雾灵山、蟠龙湖、迁安白羊峪长城、长寿山、角山、祖山、迁西喜峰口水下长城、迁西国家地质公园、唐山南湖、青山关长城、桃林口长城、山海关老龙头等景区。

2. 太行山山水生态旅游线路

①线路主题。以山水游览、避暑疗养、休闲度假、科考修学、自驾车旅游等为主的生态旅游产品。

②线路组成。依托G55（大同—晋城段）、S5512（晋城—新乡段）、G4（新乡—安阳段）等交通干线，覆盖山西全域和豫北地区，含山西的大同、忻州、太原、长治、晋城，河南的洛阳、济源、焦作、鹤壁、新乡、安阳等。

③联动生态旅游景区。以太行山脉为主线，联动山西、河南大部分地区，沿途串联五台山、王莽岭、林州红旗渠、太行大峡谷、云台山、王屋山、五龙口、八里沟、宝泉湖、南坪郭亮、青天河、云梦山等景区。

3. 京杭大运河生态旅游线路

①线路主题。以世界文化遗产京杭大运河为主线，串联沿线的河流和湖泊景区，重点开发水上游览、滨水湿地、湖泊旅游等生态旅游产品。

②线路组成。以京杭运河、江南运河、里运河段为主航道，南起浙江杭州，北至江苏徐州，向北对接京杭大运河北运河段、鲁运河等河段，覆盖浙江、江苏、山东、北京等省市，贯穿杭州、苏州、常州、镇江、扬州、淮安、宿迁、济宁、沧州、天津、北京等知名旅游城市。

③联动生态旅游景区。依托运河沿线的济宁、徐州、邳州、淮安、宝应、高邮、扬州、镇江、常州、无锡、苏州、吴江和杭州等主要港口，联动海河、黄河、淮河、长江和钱塘江等水系。沿途串联杭州、普陀山、西湖、周庄、乌镇、千岛湖六个特色旅游目的地，连接西溪湿地、南湖、天目湖、太湖、金鸡湖、瘦西湖等景区。

4. 环渤海滨海生态旅游线路

①线路主题。以滨海休闲、湿地观光、文化体验等为主题的生态观光、休闲度假生态旅游线路。

②线路组成。主要依托公路为G15（大连—沈阳段）G1（沈阳—天津段）G104（天津—沧州段）、G18（沧州—威海段）、G20（潍坊—青岛段）等，覆盖大连、沈阳、秦皇岛、唐山、天津、沧州、东营、烟台、蓬莱、威海、青岛等地区。

③联动生态旅游景区。沿线串联山海关、新澳海底世界、乐岛海洋公园、昌黎沙雕大世界、乐亭月坨岛、曹妃甸湿地、开滦矿山公园、唐津运河、南大港湿地、蓬莱阁、八仙过海口、长岛、九丈崖、刘公岛、成山头等景区。

5. 黄河中下游华夏文明生态旅游线路

①线路主题。以"黄河风光、黄土风情"为主题，集生态观光、科考修学、山水观光等于一体的生态旅游线路。

②线路组成。依托S40（河曲—神池段）、G59（神池—柳林段）、G209（柳

林—河津段）、G59（乡宁—运城段）、G209（运城—三门峡段）、G30（三门峡—开封段）、G1511（开封—菏泽段）、G35（菏泽—济南段）、G2516（济南—滨州段）等交通干线，覆盖山西、河南、山东等地区，串联河曲、柳林、河津、永济、运城、三门峡、洛阳、登封、郑州、济南、滨州等地。

③联动生态旅游景区。沿线串联老牛湾、兴县、壶口、鹳雀楼、运城盐湖、三门峡、黄河小浪底库区、黄河白天鹅观赏区、白马寺、嵩山、趵突泉、千佛山、大明湖、黄河三角洲湿地等景区。

6. 东北边境生态旅游线路

①线路主题。集森林旅游、山水游览、冰雪旅游、避暑疗养、休闲度假、地质科考、边境旅游、跨境旅游为一体的综合型边境生态旅游线路。

②线路组成。依托边境公路交通干线，以及边境口岸，覆盖通化、白山、图们、延边、绥芬河、东宁、饶河、抚远、同江、萝北、嘉荫、呼玛、黑河等地区。

③联动生态旅游景区。沿线串联鸭绿江沿线的集安高句丽世界文化遗产、五女峰、临江、十五道沟、十八道沟温泉、长白山、图们、防川、兴凯湖、珍宝岛、黑瞎子岛、龙江三峡、北极村等重要景区。

7. 大别山生态旅游线路

①线路主题。以避暑旅游、温泉疗养、生态观光、自驾游、红色旅游为主题的精品线路。

②线路组成。依托G35（六安—太湖段）、G42（金寨—麻城段）、G45（麻城—新县段）、G318（罗田—岳西段）等交通干线，贯穿大别山区，覆盖安徽六安、金寨、霍山、岳西、潜山、太湖，湖北的罗田、英山、麻城，河南新县等地。

③联动生态旅游景区。围绕大别山脉，联动安徽西南和湖北北部地区，沿线串联鄂豫皖苏区首府旧址、天堂寨、万佛湖、皖西大裂谷、淮河源、鸡公山、南湾湖、鬼凤山、小汤山温泉等景区。

8. 武陵山山水民俗旅游线路

①线路主题。依托武陵山砂岩地貌、喀斯特山水、土家族、苗族、侗族等少数民族民俗资源，突出奇山秀水、山地观光和民俗风情优势，形成集生态休闲、人文体验、休闲度假、自驾车旅游为主体的精品线路。

②线路组成。依托G59（十堰—宜昌段）、G50（宜昌—恩施段）、S88（宜昌—华容段）、G56（华容—常德段）、G5513（张家界—湘西段）、S70（怀化—娄底段）、G60（娄底—长沙段）等高速干线，覆盖十堰、宜昌、恩施、常德、张家界、湘西、怀化、益阳、长沙等地区。

③联动生态旅游景区。围绕武陵山脉,联动乌江、沅江等水路交通,沿途串联神农架、张家界、三峡、武隆南方喀斯特、武陵源、酉阳桃花源等景区。

9. 长江三峡生态旅游线路

①线路主题。以峡谷观光、邮轮游览、休闲度假、研学教育等为主的生态旅游线路。

②线路组成。依托长江水上黄金游道,以及沿线的G85(宜宾—重庆段)、G93(宜宾—重庆段)、G69(重庆—石柱段)、G50(石柱—荆州段)等交通干线,覆盖宜宾、泸州、重庆、宜昌、荆州等地。

③联动生态旅游景区。沿线串联白鹤梁、金佛山、芙蓉洞、丰都鬼城、石宝寨、白帝城、小三峡、神女峰、神女溪、神农溪等景区。

10. 秦巴山地生态旅游线路

①线路主题。以登山、摄影、科普等为主题的生态观光、休闲度假旅游线路。

②线路组成。依托G30(宝鸡—郑州段)、G65(西安—安康段)、G4213(安康—房县段)、G70(西安—谷城段)等交通干线,覆盖宝鸡、西安、渭南、商洛、安康、神农架林区、郑州等地区。

③联动生态旅游景区。沿线串联大巴山、柞水牛背梁、翠华山、朱雀森林公园、太白山等景区。

11. 滇黔桂喀斯特山水民俗生态旅游线路

①线路主题。以观赏安顺、黔西南、六盘水、毕节高原喀斯特自然风光、感受奇特地质地貌为重点的西部旅游线路。

②线路组成。依托G60(贵阳—安顺段)、S101(贵阳—惠水段)、S50(惠水—兴仁县)、G7611(镇宁—六盘水段)等交通干线,覆盖贵阳、平坝、安顺、关岭、晴隆、贞丰、兴义、盘州、六盘水、毕节、昆明、九乡、石林、罗平等地区。

③联动生态旅游景区。沿线串联彩色沙林、罗平九龙瀑布、马岭河、万峰林、黄果树瀑布、龙宫、织金洞、红枫湖、荔波等景区。

12. 大香格里拉生态旅游线路

①线路主题。以山水休闲、峡谷高原观光、休闲度假、野外科考等为主题的生态旅游线路。

②线路组成。依托G214(昌都—大理段)、G318(邦达—林芝段)、G317(昌都—阿坝段)等交通干线,覆盖四川、云南、西藏自治区三省区结合部分,包括昌都、林芝、阿坝、甘孜、迪庆、丽江、大理等地。

③联动生态旅游景区。沿线串联然乌湖、东达山、怒江七十二道拐、雅鲁藏布大峡谷、巴松错、米堆冰川、南伊沟、米拉山口、九寨沟、五彩池、五花海、新都桥、牛奶海、海螺沟、稻城亚丁、普达错、梅里雪山、虎跳峡、玉龙雪山、拉市海、洱海、苍山、南诏风情岛等景区。

13. 西北丝路文化生态旅游线路

①线路主题。以丝路古道、大漠雄关、冰川探险为依托，打造丝路文化旅游、沙漠旅游、自驾游等为主题的生态旅游线路。

②线路组成。依托G70（西安—彬县段）、G312（彬县—平凉段）、G30（西安—天水段）联动西安、平凉、宝鸡、天水，依托G30（兰州—乌鲁木齐段）、G3012（乌鲁木齐—喀什段）连通兰州、武威、金昌、张掖、酒泉、嘉峪关、哈密、吐鲁番、乌鲁木齐、喀什，覆盖丝绸之路的西北重点区域。

③联动生态旅游景区。围绕"丝绸之路"主题，联动南石窟、大云寺—王母宫、崆峒山、麦积山、武威、张掖丹霞、嘉峪关、莫高窟—月牙泉、青海湖、火焰山、交河古城、帕米尔高原、金胡杨等景区。

14. 黄河上游草原风情旅游线路

①线路主题。以黄河风情和草原文化为主题的生态观光旅游线路。

②线路组成。依托G6（西宁—兰州段）、G213（兰州—若尔盖段）、G75（临夏—兰州段）、G6（兰州—银川段）等交通干线，覆盖甘肃、宁夏、青海、内蒙古等地区，沿线途经西宁、玛曲、碌曲、甘南州、夏河、永靖、兰州、白银、景泰、中卫、银川等地。

③联动生态旅游景区。沿线串联玛曲天下黄河第一弯、则岔石林、桑科草原、黄河三峡、黄河石林、沙坡头、水洞沟、黄沙古渡、鸣翠湖、粟峪口森林公园、门源等景区。

15. 祁连雪山冰川观光探险生态旅游线路

①线路主题。以雪山、冰川为主题的生态观光、科考探险、生态教育、摄影生态旅游。

②线路组成。依托G6（兰州—西宁段）、G227（西宁—张掖段）、G312（张掖—玉门段）、G30（张掖—玉门段）等交通干线，覆盖甘肃、青海两省交界处，包含海东、西宁河西走廊，该地区海拔3000～5000米，山体自然生态垂直带谱明显。在海拔4200米以上的高山地带，冰川达2800多条。

③联动生态旅游景区。沿线串联七一冰川和肃北透明梦柯冰川等中国西部的著名冰川，以及天祝三峡国家级森林公园、祁连冰沟河省级森林公园、山丹

焉支山省级森林公园、肃南马蹄寺省级森林公园等景区。

16. **南水北调中线文化生态旅游线路**

①线路主题。打造以山水观光、文化体验为主题的水利风景生态观光游。

②线路组成。依托京广高铁和G4（北京—许昌段）交通干线，覆盖北京、保定、石家庄、邢台、鹤壁、郑州、平顶山、许昌、南阳等地。

③联动生态旅游景区。沿线串联干渠沿线的丹江、白龟湖湿地公园、郑州南水北调生态休闲旅游区、百泉等景区。

17. **海上丝绸之路生态旅游线路**

①线路主题。打造以"21世纪海上丝绸之路"为主题的生态旅游观光、休闲度假少数民族民俗文化游线路。

②线路组成。依托现有的海上通道和陆路G15（烟台—茂名段）、G25（天津—深圳段）等交通干线，山东、浙江、福建、广东等省港口，以及未来建设形成的亚洲公路网、泛亚铁路网，借助新丝绸之路经济带的建设，联合沿线省份推动新丝绸之路沿线旅游产品一体化开发与推广，打响新丝绸之路旅游品牌，覆盖福建、广东、广西、海南等省区，沿线串联烟台、舟山、宁波、福州、泉州、厦门、深圳、广州、湛江、北海、海口、三亚等地，连接东南亚的越南、泰国、老挝、柬埔寨、缅甸等国家。

③联动生态旅游景区。沿途串联杭州湾国家湿地公园、九龙湖—达蓬山、镇海海防遗址、舟山普陀山、嵊泗列岛、福州鼓山、平潭岛、厦门鼓浪屿、深圳红树林、大梅沙海滨、雷琼海口火山群、东寨港红树林、北部湾黄金海岸、亚龙湾森林公园、大小洞天等景区。

18. **南中国海生态旅游线路**

①线路主题。以海上跨国旅游、豪华邮轮度假为特色，以度假、观光、休闲娱乐为功能的海洋主题生态旅游线路。

②线路组成。依托沿海交通干线和城市港口，覆盖南中国海沿线的北海、钦州、防城港、海口、湛江等地，并加强与越南—泰国—马来西亚—新加坡—印度尼西亚一线的国际联系。

③联动生态旅游景区。沿线串联北海银滩、山口红树林、涠洲岛、钦州三娘湾、七十二泾、防城港港口、江山半岛、京岛等景区。重点完善港口接待服务设施、休闲娱乐设施、邮轮及配套设施建设，并加强区域海上直航、安全搜救、信息通信等方面的合作。

19. 长征沿线生态旅游线路

①线路主题。以生态观光、爱国主义、教育修学、励志图强为主题的自然与人文生态教育旅游线路。

②线路组成。依托G321（桂林—从江段）、G76（从江—贵阳段）、G60（贵阳—昆明段）、G5（昆明—广元段）、C212（广元—舟曲段）等交通干线，途经桂林、贵阳、昆明、成都、靖县、黔西、遵义、威信（扎西）、西昌、迭部等地。

③联动生态旅游景区。起于瑞金和于都，止于延安的经典长征生态旅游线路，沿线串联桂林漓江、花溪湿地、黔灵山、红枫湖、赤水竹海、都江堰、邛海湿地、若尔盖、腊子口等景区，向外联系湘江、乌江、金沙江、大渡河。

20. 北纬30°世界遗产生态旅游线路

①线路主题。以中部自然和人文资源精华为主题的山水观光和历史文化生态旅游线路。

②线路组成。依托京广高铁、沪昆高铁，以及G209（十堰—张家界段）、G5513（张家界—益阳市）、G4（长沙—临湘段）、C56（临湘—黄山段）等交通干线，覆盖湖南、安徽、湖北、江西等地区，沿线串联十堰、张家界、九江、黄山等地。

③联动生态旅游景区。沿途串联武当山、武陵源、皖南徽州古村落、庐山、黄山、三清山等景区。

二、省域特色生态旅游线路

（一）发展重点

优化资源、整体开发，切实做好一批特色生态旅游精品线路的规划建设，以各个省（区）市品牌生态旅游景区（点）和主要交通干线为依托，串联周边旅游节点，连点成线、串景成廊，依托沿线高级别景区，打造精品生态旅游线路，统一布局生态旅游公共设施，形成特色鲜明的生态旅游线路品牌，实现生态旅游产品开发、设施布局、营销宣传上的统一合作，实现省域生态旅游资源的优势互补和联动协同发展，增强对沿线社区村镇的辐射发展。

（二）具体线路

1. 河北坝上草原生态旅游线路

①线路特点。以草原观光、草原度假、蒙古族文化风情体验为主题的草原

风情游。

②线路组成。主要涉及张家口、承德两市。主要依托公路为 G45（北京—承德段）、S50（承德—围场段）、G6（北京—张家口段）等。覆盖北京、承德、丰宁、围场、崇礼等地。

③联动生态旅游景区。沿途主要有中都原始草原、沽源县天鹅湖、沽源县沽水福源、沽源塞外庄园、丰宁京北第一草原、御道口草原、塞罕坝、崇礼万龙和翠云山等景区。

2. 中国冷极游主题生态旅游线路

①线路特点。穿越呼伦贝尔大草原、大兴安岭林区，体验中国冷极原生态生活，体验森林、湿地、草原等生态风光。

②线路组成。北京（京津地区）—海拉尔—额尔古纳—根河—鄂伦春—齐齐哈尔。

③联动生态旅游景区。金帐汗部落旅游区、海拉尔西山国家森林公园、额尔古纳湿地景区、白桦林景区、根河源湿地景区、敖鲁古雅使鹿部落旅游景区、哈乌尔河旅游景区、阿里河国家森林公园等。

3. 内蒙古大草原生态旅游线路

①线路特点。穿越阿斯哈图世界地质公园、呼伦贝尔大草原、科尔沁大草原、乌兰察布大草原、锡林郭勒大草原，体验世界地质公园的壮美和典型草原的辽阔。

②线路组成。北京（京津地区）—赤峰—克什克腾旗—锡林浩特市—西乌旗。

③联动生态旅游景区。道谷南山生态旅游度假区、阿斯哈图石林旅游区、达里湖旅游区、大青山景区、黄岗梁国家森林公园、白音敖包景区、锡林河度假村、蒙古汗城旅游区。

4. 浙东沿海海洋海岛生态旅游线路

①线路主题。依托浙江沿海丰富的海洋岛群、海湾、港口优势，形成以海洋生态观光、休闲度假等为主题的生态旅游线路。

②线路组成。依托 G15（嘉兴—台州段）和上海—台州高铁干线，覆盖沿海地区的嘉兴、宁波、舟山、温州、台州等地。

③联动生态旅游景区。沿线串联嘉兴九龙山、杭州湾、象山群岛、九龙湖—达蓬山、镇海口、舟山群岛、温州邮轮码头、洞头列岛、雁荡山、台州三门湾、大陈列岛等景区。

5. 黄山山脉生态旅游线路

①线路主题。以山岳观光、生态度假、森林探险、科考研学、文化体验为主题的生态旅游线路。

②线路组成。覆盖皖南地区的黄山市黄山区、黟县、祁门县，池州市石台县、青阳县，宣城市旌德县、泾县。

③联动生态旅游景区。沿线串联黄山、九华山、徽杭古道、翡翠谷、九龙瀑、石门峡、东黄山、芙蓉谷、虎林园、太平湖、打鼓岭、西递、宏村、夹溪河、牯牛降、九龙池、桃花潭等景区。

6. 清新福建山水生态旅游线路

①线路主题。以文化民俗、自驾游为主题的线路。

②线路组成。依托G1514（武夷山—兴田段）、G3（兴田—建瓯段）、G205（建瓯—南平段）、G25（南平—龙岩段）、G76（龙岩—厦门段）等交通干线，覆盖武夷山、南平三明、永安、龙岩、漳州、厦门等地。

③联动生态旅游景区。沿线串联武夷山、大安源、花阳山、大金湖、寨下大峡谷、桃源洞、上清溪、天宝岩、东山风动石、东南花都等景区。

7. 山东仙境海岸生态旅游线路

①线路主题。滨海生态休闲度假、海滨观光、海上运动、海洋生态科普等。

②线路组成。以胶东半岛海岸线自然优美的滨海环境与东方独特的仙道文化为依托，海陆统筹，整合日照、青岛、威海、烟台四市海岸带和滩、湾、岛、礁等特色资源，规划贯通沿海景观大道和海上观光游览通道，打造"仙境海岸"滨海生态休闲度假品牌。

③联动生态旅游景区。沿线串联日照东方太阳城、青岛崂山仙宫、青岛世界园艺博览会园区、长岛国际休闲度假岛、蓬莱、昆嵛山等景区。

8. 山东黄河入海生态旅游线

①线路主题。突出"黄河入海、河海交汇、湿地生态"原生态特点，以湿地观光河口探险、生态科普、观鸟摄影等为主题。

②线路组成。以"大河口、大湿地、大油田、大生态"等特色旅游资源为基础，以黄河三角洲国家级自然保护区为核心旅游目的地，串联滨州贝壳堤岛、徒骇河、乐陵林海湿地、大卢湖、马踏湖、三元朱村、杨家埠等旅游精品地区。

③联动生态旅游景区。沿线串联黄河水城、黄河口湿地、滨州贝壳堤岛与湿地型国家级自然保护区、乐陵林海湿地、徒骇河、高青大卢湖、孙武湖等景区。

9. 环鄱阳湖生态旅游线路

①线路主题。以湖泊观光、休闲度假、观鸟摄影旅游、文化体育旅游等为主题。

②线路组成。依托G56（九江—景德镇段）、G70（九江—南长段）、S36（南昌—余干段）、G35（余干—景德镇段）打造环鄱阳湖旅游公路专线，联系周边的南昌、西海、庐山、景德镇、婺源、三清山、龟峰、龙虎山等城市或景区，实现区域湖泊生态旅游资源的整合发展。

③联动生态旅游景区。沿线串联新建南矶山、永修吴城、共青城、星子、鄱阳湖水利枢纽工程、石钟山、鞋山、都昌老爷庙、鄱阳湖国家湿地公园、万年神农源、余干康山等景区。

10. 神农架生态旅游线路

①线路主题。以山水观光、自然教育、森林旅游等为主题的生态旅游。

②线路组成。依托G209（房县—兴山段）、S307（歇马镇—神农架段），覆盖松柏镇、阳日镇、木鱼镇、红坪镇、新华镇、大九湖镇、宋洛乡等地区。

③联动生态旅游景区。串联神农架红坪景区、神农顶风景区、天生桥、神农坛、龙门河、大九湖湿地等景区。

11. 神秘湘西生态旅游线路

①线路主题。以森林旅游、山水观光、民族文化体验、世界遗产游览等为主题的生态旅游产品。

②线路组成。依托G209（湘西—怀化段）、G302（怀化—邵阳段）、G55（怀化—永州段）、常吉高速、包茂高速、凤大高速、洞新高速等交通干线，覆盖整个大湘西范围，包括张家界市、湘西土家族苗族自治州、怀化市以及邵阳、永州的部分县，打造"探寻中国土家源""神秘湘西苗家乐""中国步道好风情""桃花源里品禅茶""张家界里大峡谷""武陵山里品民俗"等支线。

③联动生态旅游景区。主要串联上述交通沿线的生态旅游景区，包括永顺小溪、猛洞河、古丈红石林、坐龙峡；吉首矮寨、凤凰山江苗寨、凤凰古城、南方长城；城步白云湖、两江峡谷、通道万佛山、乌云界、花岩溪、武陵源、慈利张家界大峡谷；武陵源天子山、八大公山、九天洞、永定区天泉山等景区。

12. 桂东北山水精华生态旅游线路

①线路特点。以桂林喀斯特山水风光、生态休闲度假、梯田观光、少数民族风情为主题的旅游精品线路。

②线路组成。大力打造以柳州为旅游中心的金秀—来宾—柳州—宜州—罗城—融水—三江—龙胜—临桂—桂林的广西少数民族风情旅游精品线路。着重完善重点景区与交通干线的交通连接：莲花山景区三级公路提升为二级公路。扩建里湖瑶族乡—白裤瑶生态博物馆三级公路。

③联动生态旅游景区。沿线串联桂林漓江、桂林两江四湖、桂林乐满地、兴安灵渠、贺州姑婆山、金秀大瑶山、忻城土司、三江程阳风雨桥等重点旅游景区，大力培育漓江、兴安灵渠、金秀世界瑶都、宜州刘三姐故乡、乐满地、贺州昭平黄姚古镇等景区。

13. **世界长寿之乡休闲养生旅游线路**

①线路主题。突出健康养生主题，将生态旅游、健康养生、体育运动等结合起来延伸养生旅游。

②线路组成。依托巴马世界长寿之乡旅游品牌，以巴马为核心整合盘阳河流域旅游资源，加快建设配套设施，大力打造以巴马为核心的南宁—田阳—巴马—凤山—东兰—大化世界之乡休闲养生旅游精品线路。

③联动生态旅游景区。沿线串联巴马世界长寿之乡盘阳河、水晶宫、乐业—凤山等旅游基础设施，大力培育乐业—凤山、巴马世界长寿之乡等为全国乃至世界知名旅游品牌。

14. **中越边关探秘生态旅游线路**

①线路主题。以生态观光、度假、异国文化风情为主题。

②线路组成。依托优美的边境山水风光、神秘的边关风情和跨国特色，以中越边境公路为纽带，发挥南宁市旅游集散作用，突出中越神秘边关特色，覆盖南宁、防城港、东兴、凭祥、龙州、大新、靖西、那坡等地。

③联动生态旅游景区。沿线串联南宁青秀山、十万大山、凭祥友谊关等旅游基础设施，以及左江花山岩画、德天跨国瀑布、凭祥友谊关、通灵大峡谷、古龙山漂流、大王岭、澄碧湖、北仑河、东兴口岸等景区。

15. **海南热带风情岛生态旅游线路**

①线路主题。以滨海休闲、海洋探险、森林旅游、科学考察、民族风情体验等为主题的生态旅游产品。

②线路组成。依托环岛高速公路、环岛高速铁路以及三亚港、海口港等旅游港口，覆盖海南岛全岛范围，主要包括中部山区生态旅游圈、沿海台地生态旅游圈、海岸生态旅游圈和海洋生态旅游圈几个层面。

③联动生态旅游景区。以三亚和海口为两个端点，沿途串联亚龙湾、大小

洞天、天涯海角、蜈支洲岛、南湾猴岛、分界洲岛景区、甘什岭槟榔谷景区、呀诺达热带雨林风景区、海口火山口国家地质公园、海南热带野生动植物园、热带海洋世界等生态旅游景区。

16. 三沙海洋海岛生态旅游线路

①线路特点。以海洋海岛观光、休闲度假、科考探险等为主题的生态旅游线路。

②线路组成。由三亚出发，乘飞机或轮船到达永兴岛。

③联动生态旅游景区。沿线串联三亚亚龙湾、天涯海角、蜈支洲岛、大东海、凤凰岭、西沙海洋博物馆、西沙将军林、收复西沙纪念碑等景区。

17. 渝东南山水生态旅游线路

①线路主题。以喀斯特山水游览、江河观光旅游、森林度假旅游、科学考察、民俗文化体验等为主题。

②线路组成。推动黔江、武隆、彭水、酉阳、石柱、秀山六大区县作为渝东南旅游发展的区县联合发展，并根据各大景区的不同资源类型、特色，组合成多条不同特色的旅游线路产品。

③联动生态旅游景区。依托G50S（石柱—涪陵段）、G65（武隆—秀山段）高速公路，沿线串联乌龙大仙女山、石柱黄水森林公园、黔江蒲花河、酉阳桃花源、秀山洪安边城等景区。

18. 川东自然山水生态旅游线

①线路主题。以峡谷观光、山水休闲、森林旅游、乡村旅游等为主题的生态旅游产品。

②线路组成。依托G42（广安—巫山段）、G65（广安—安康段）、G5012（达州—巴中段），覆盖广安、前锋、武胜、岳池、邻水、华蓥、通川、达川、宣汉、渠县、开江、大竹、万源、巴州、恩阳、通江、南江、平昌。

③联动生态旅游景区。串联区域范围内的生态旅游景区，包括广安石林、邻水石永梯田、邻水千岛洪湖、翠湖、武胜龙女湖、邻水天意谷、华蓥山石林、天池湖、莲花湖、龙爪塔风景区、百里峡、神龙洞、云雾峡、五峰山森林公园、八台山、烟霞山、花萼山、鱼泉山、章怀山、米仓山、巫峡等景区。

19. 川西大九寨生态旅游线路

①线路主题。以大熊猫为主题，兼顾冰川、温泉特色的大熊猫栖息地观赏、登山科考、冰川观光、温泉度假等主体线路。

②线路组成。依托 S9（成都—都江堰段）、成渝环线高速等交通干线，覆盖成都、都江堰、卧龙、宝兴、雅安等地。

③联动生态旅游景区。沿线串联卧龙、四姑娘山、夹金山、海螺沟、雅安蜂桶寨、碧峰峡熊猫基地、周公山等景区。

20. 贵州避暑度假生态旅游线路

①线路主题。依托贵州省夏季的凉爽气候，以贵阳、安顺、六盘水、毕节等自然景点为核心，形成避暑休闲旅游线路。

②线路组成。线路一：贵阳（黔灵山）—花溪（十里画廊）—百花湖—红枫湖—南江峡谷公园—六盘水（凉都森林公园）；线路二：贵阳（青岩古镇、花溪公园、甲秀楼、黔灵公园）—安顺（黄果树大瀑布、陡坡塘瀑布、天星桥、龙宫塘）—毕节（织金洞）。

③联动生态旅游景区。沿线串联黔灵山、十里画廊、红枫湖、南江峡谷、黄果树大瀑布、陡坡塘瀑布、天星桥、龙宫塘、织金洞等景区。

21. 云南怒江大峡谷地质奇观生态旅游

①线路主题。以高原峡谷观光、科考探险、人文民俗为主题。

②线路组成。依托省道 G56（保山—瑞丽段）、S28（潞江—怒江段），覆盖六库、福贡、贡山、保山、德宏。

③联动生态旅游景区。沿线连接高黎贡山、贡当山、石月亮、怒江第一湾、秋那桶、高黎贡山、碧罗雪山、三江并流、虎跳峡等景区。

22. 云南茶马古道生态旅游线路

①线路主题。以山水观光、生态教育、森林旅游、科学考察、民族文化体验等为主题的生态旅游产品。

②线路组成。依托"茶马古道"澜沧江—湄公河水道、G214（丽江—西双版纳段）以及游轮、低空等特色交通干线，围绕大湄公河、大香格里拉两大跨区域旅游合作区，南起云南西双版纳，北至四川稻城，北接青藏高原，南连缅甸的旅游线路，途经云南普洱、临沧、大理、丽江、迪庆五个地级市。

③联动生态旅游景区。沿途串联亚丁稻城、香格里拉、大理、腾冲四个特色旅游目的地，以及云南香格里拉、拉普拉错、玉龙雪山、崇圣寺三塔、西双版纳热带植物园等景区。

23. 西藏 318 西线生态旅游线路

①线路主题。以高原湖泊、林海峡谷为主题的生态旅游线路。

②线路组成。依托G318（波密—拉孜段）、拉林铁路、拉林高等级公路，覆盖拉萨、达孜、墨竹工卡、米拉山口、巴松错、林芝、米林、朗县、加查、曲松桑日、泽当、扎囊、贡嘎等地。

③联动生态旅游景区。沿线串联布达拉宫、尼洋河、日多温泉、藏王松赞干布故居、巴松错、鲁朗林海、雅鲁藏布江大峡谷、南伊沟、南迦巴瓦峰、拉姆拉错、藏王墓、雍布拉康、雅砻河谷等景区。

24. 珠峰生态旅游线路

①线路主题。发挥西藏独特的自然和人文资源优势，形成以户外探险、科学考察、生态观光、文化体验等为主题的生态旅游产品。

②线路组成。依托G318（拉萨—定日段），覆盖拉萨、日喀则、江孜、定日等地，释放西藏作为南亚陆路贸易大通道集散基地的效应，加快推动西藏与印度、尼泊尔、不丹等南亚国家的生态旅游合作开发。

③联动生态旅游景区。沿线串联纳木错、羊八井、羊卓雍错、卡如拉冰川、宗山古堡、珠峰大本营、樟木口岸等景区。

25. 大漠雅丹探奇生态旅游线路

①线路主题。以戈壁、沙漠和雅丹开展的大漠观光、科考探险主题线路。

②线路组成。依托G6（巴彦淖尔—银川段）、G2012（吴忠—敦煌段）等交通干线，覆盖巴彦淖尔、乌海、石嘴山、银川、吴忠、中卫、武威、金昌、张掖、酒泉、嘉峪关、敦煌一线地区。

③联动生态旅游景区。沿线串联乌拉山、玛瑙湖、金沙湾、乌兰布和沙漠、腾格里沙漠、巴丹吉林沙漠、沙湖、贺兰山苏峪口、鸣翠湖、黄河大峡谷、青铜峡、沙坡头、通湖草原、天梯山石窟、金水湖、鸣沙山月牙泉、嘉峪关东湖等景区。

26. 西藏可可西里科考生态旅游线路

①线路主题。以藏羚羊等珍稀野生动物观赏、科考、观光为主题。

②线路组成。依托共茶高速、G0613（共和—玉树段）、G6（西宁—格尔木段）等交通干线，覆盖西宁、玉树、格尔木、五道梁保护站、索南达杰保护站。

③联动生态旅游景区。沿线串联湟源峡谷、日月山、倒淌河、扎陵湖、鄂陵湖、牛头碑、巴颜喀拉山、可可西里腹地库赛湖、茶卡盐湖、青海湖、金银滩等景区。

27. 青海昆仑溯源生态旅游线路

①线路主题。以公路高原观光为主题的生态旅游线路。

②线路组成。依托G6（西宁—格尔木段）、G109（西宁—五道梁段）和

青藏铁路主干线，以沿线综合服务基地开发和沿线辐射区域内城镇、景区点配套开发为依托，覆盖西宁、共和、都兰、格尔木市、五道梁等地区。

③重点联动生态旅游景区。沿线串联青海湖、察尔汗盐湖、万丈盐桥、格尔木水电站、野牛沟岩画、昆仑山口、天葬台、唐古拉山口、日月山、倒淌河、海心山等景区。

28.三江源源头科考生态旅游线路

①线路主题。以江河源头科考、观光探险为主题。

②线路组成。黄河源科考线路：依托 G109（西宁—海南段）、G214（海南—类乌齐段）、G317（类乌齐—拉萨段）、G109（拉萨—格尔木段），北上即达格尔木市，南下可去长江源区、西藏，探究黄河源区高原双湖、源头溪流、湿地草原等多种类型生态体系和藏族文化奥秘。依据始发地和终到地不同，有下列三条线路。

一是西宁—共和—兴海温泉—花石峡—玛多—扎陵湖、鄂陵湖—麻多—源头—曲麻莱—不冻泉—格尔木。

二是果洛—玛多—扎陵湖、鄂陵湖—麻多—源头。

三是玉树—治多—曲麻莱—黄河源头—麻多—扎陵湖、鄂陵湖—玛多—兴海温泉—共和—西宁。

长江源科考线路，本线路进行长江源头考察最便捷，沿 G109 线或青藏铁路直接进入长江源区。向西可到长江源头格拉丹东雪山，向东可到黄河源头和澜沧江源区。线路有两条。

一是格尔木—昆仑山口—不冻泉—沱沱河—雁石坪—各拉丹冬；西宁—玛多—巴颜喀拉山—玉树—治多—唐古拉山—各拉丹冬。

二是澜沧江源科考线路，玉树—杂多—莫云—澜沧江源头。

③联动生态旅游景区。沿 G0615（果洛—都兰段）、G0613（玉树—共和段），沿途串联黄河源、黄河谷地、兴海温泉、阿尼玛卿、河南草原、麦秀国家森林公园、年保玉则、索加野生动物观赏区、长江源科考基地、嘉塘草原、澜沧江源科考基地、达那河谷等景区。

29.新疆天山丝路北道生态旅游线路

①线路主题。以山地观光、草原沙漠观光、生态教育、科学考察等为主题的生态旅游产品。

②线路组成。依托 G30（乌鲁木齐—鄯善段）高速干线，连接乌鲁木齐、昌吉、吐鲁番、鄯善县等地。

③联动生态旅游景区。沿途串联天山冰砌湖天池、胡杨林、鸣沙山、巴里坤草原、松树塘、库木塔格沙漠、吐峪沟大峡谷、火焰山、葡萄沟、坎儿井等景区。

30. **帕米尔高原生态旅游线路**

①线路主题。以雪岭山谷、冰雪山口为特色的生态旅游线路。

②线路组成。依托塔什库尔干塔吉克自治县，与巴基斯坦、阿富汗、塔吉克斯坦三个接壤国家。依托 G3012（喀什—叶城段）和中巴铁路规划建设，联结喀什、塔什库尔干和巴基斯坦北部地区。

③联动生态旅游景区。沿途串联帕米尔高原、卡拉库里湖、乌帕尔村、沙山、盖孜峡谷、石头城等景点，再由红其拉甫口岸进入中巴边境地区和巴基斯坦北部地区旅游。

第六章 生态旅游管理与可持续发展评价

随着国民环境意识的提高,生态旅游逐渐被大家所熟知,人们在发展旅游业的过程中,愈加重视在生态环境保护的基础上开发旅游资源。基于生态旅游的发展理念,要求旅游行业在发展过程中,从现状的管理与可持续发展研究两方面进行。本章主要包括了生态旅游者管理、生态旅游业管理、生态旅游社区管理、生态旅游环境管理、生态旅游可持续发展评价五部分,主要包括了自然性、旅游交通企业的绿色营销及管理、生态旅游环境管理特点等内容。

第一节 生态旅游者管理

一、生态旅游者概述

(一)生态旅游者的概念

从某种意义上来讲,生态旅游者有狭义和广义两种解释。前者指的是对生态旅游区的经济发展和环境保护负有责任的游客。基于此类定义,部分人认为,生态旅游者最初都是科学家,而后逐渐有环保主义者和环境学家、记者、学生等加入其中,甚至发展到一些对自然比较感兴趣的人。当然还有一些人认为,对自然环境发展有益处的旅游者是真正意义上的生态旅游者。我国学者黄羊山对此也曾提出了自己的见解,他认为,生态旅游者对旅游环境的质量要求很高,同时也非常自觉地、有意识地保护旅游环境。他们还协助旅游部门和管理机构进行资源保护;后者则并不能把生态旅游的内涵真正体现出来,同时也不能把自然旅游与生态旅游等同起来,它只是对旅游者行为的部分概括。从一定意义上来讲,它并没有体现出旅游者对生态环境保护方面所做出的贡献,因为它在一定程度上忽视了造成人们环境意识增强的最终原因,即生态环境的兴起与发展。曾有学者将其定义为:"生态旅游者是指那些作为娱乐或旅游者来参观自然保护区的人。"也有学者将其定义为:"生态旅游者包括所有参加生态旅游活动(如,观鸟、赏鱼等)或参观生态旅游区的人。"

总之,生态旅游的内涵可以被狭义的生态旅游者所反映出来,而这一点也正是狭义生态旅游者的最大特征,它能把生态旅游者与传统旅游者明显区别开来。由此我们也可以得知,生态旅游者不仅是回归自然,更重要的是对自然生态环境保护能够起到促进作用。

(二)生态旅游者的特征

1. 自然性

通常情况下,我们把生态旅游中旅游对象和服务的自然性视为生态旅游者的自然性。其中,旅游对象的涵盖面比较广泛,如自然环境形态、人与自然和谐的特色文化等,都属于旅游对象。随着人们整体素质的不断提高,生态旅游者已经对环境污染有了更为深刻的认识。与此同时,人们也更加渴望回归到大自然原始生态环境中去,在探索大自然奥秘的同时,感受哲学、科学、美学等文化价值,使人类充分体验到与自然的和谐,从而激发出人类对文化生态的热爱。通常情况下,我们把在生态旅游过程中,旅游者的吃、住、行、游、娱、购等环节视为旅游服务的自然性。当然,生态旅游者对所接受的服务项目是有所要求的,即自然的、原汁原味的,如吃、住入乡随俗。生态旅游者以背起行囊徒步为主,走进大自然,在大自然的怀抱中享受旅游的乐趣,与大自然对话,增强热爱自然、保护自然的意识,且参与当地社区民族的经济和文化发展及生态环境保护等活动。

2. 责任性

大自然和特色文化是无私的,它们为生态旅游者提供了广阔天地,使之能够顺利进行多元化生态旅游活动。然而,由于任何旅游活动都具有促进社会经济发展和环境保护的责任。所以,生态旅游者在进行多元化生态旅游活动的过程中,会受到责任感的驱使,从而对自己的行为要求产生一定的约束,使自己不对生态环境产生破坏,并在此基础上,尊重人与自然的和谐关系,维护人与自然和谐的特色文化,积极担负起所在社区的文化和经济可持续发展应尽的责任。

第六章　生态旅游管理与可持续发展评价

（三）生态旅游者的分类

1. 按国境国界为标准分类

（1）国际生态旅游者

简单来讲，由于要在其他国家进行生态旅游，而不得不在短时间内离开自己常居国或定居国的旅游者，被视为国际生态旅游者。凡是通过中国驻外使、领馆，各国对外友好团体，或同中国旅行机构有联系的外国旅行社以及直接同中国国际旅行总社联系，申请办理入境手续后持有"L"签证（"L"签证的签发对象为来中国内地旅游、探亲或因其他私人事务入境的人员）的外国旅游者、华侨、中国血统的外籍人和港澳台同胞，均可凭签证前往我国政府指定的对外开放地区进行生态旅游。

"环球生态旅游者""洲际生态旅游者""跨国生态旅游者"是目前被细化的国际生态旅游者。跨国生态旅游者泛指暂时离开自己的定居国或常居国到另一个或多个国家，而非跨越洲界的生态旅游者，如日本游客到我国的自然保护区从事生态旅游活动，由于定居国（日本）旅游目的地国（中国）同在亚洲，就属于这一类型；洲际生态旅游者至跨越洲际界限的生态旅游者，如美国人到中国（亚洲）、韩国人到澳大利亚（大洋洲）等。但凡从事生态旅游活动的人，实际上都属于洲际生态旅游者。那么，什么是环球生态旅游者呢？即那些到世界各洲主要国家或相关地区的生态旅游区进行生态旅游的人，如全球性的科学考察或探险活动。

（2）国内生态旅游者

与国际生态旅游者不同的是，国内生态旅游者往往是在本国境内的一些生态旅游区进行生态旅游，且在生态旅游过程中，旅游者会在较短时间内离开自己的常住地或定居地。至于国籍方面上的问题，国内生态旅游者可以是在所住国长期休息、工作、学习、疗养或者是从事其他活动但没有取得所住国国籍的人，也可以是已经取得了所住国国籍的居民。

"全国性生态旅游者""区域性生态旅游者""地方性生态旅游者"是目前被细化的国内生态旅游者。什么是地方性生态旅游者呢？即在本县（包括市、区等）范围内，进行生态旅游活动的旅游者，如类似参加井冈山生态环境游的便属于区域性生态旅游者。全国性生态旅游者指的是跨多个省份进行生态旅游活动的游客，如从广东鼎湖山经贵州梵净山、四川卧龙至四川九寨沟一线的"走进生物圈保护区"生态旅游线路的人。

2. 按组织形式为标准分类

（1）团体生态旅游者

我们通常把那些参与旅行社或其他旅行组织，且有一定纪律性和计划性的集体行动所进行生态旅游的人视为团体生态旅游者，其又被称为"团体包价生态旅游者"。事实上，团体生态旅游存在着一定的弊端，其一，生态旅游者没有充足的自由活动时间；其二，不够灵活机动。

（2）散客生态旅游者

一般情况下，我们可以把自助生态旅游者和个体生态旅游者视为散客生态旅游者，其通常指那些自由结伴进行生态旅游的人，其人数在15人以下，可以是个体，也可以是家庭。它的优点在于：其一，时间上比较灵活；其二，可以独立选择旅游项目，从而使旅游动机得以实现。但其弊端在于，在整个旅游过程中的吃、住、游、娱、购等活动都需要自己联系，相对于团体生态旅游而言，会比较麻烦，且不方便，还比较费钱、费时。生态旅游者为了寻求融进大自然的刺激性，他们大多愿意选择以散客方式出游。

除了上述两种对生态旅游者的分类法外，还可按年龄标准将生态旅游者分成少年生态旅游者、中年生态旅游者、老年生态旅游者等；按目的地方式将生态旅游者分为综合型生态旅游者、观光生态旅游者、专题型生态旅游者和参与型生态旅游者等。

（四）生态旅游者的权益和责任

1. 权益

（1）知悉真实信息和自由选择的权益

生态旅游企业与相关旅游组织应当在生态旅游者旅行以及逗留期间提供完整且准确的客观旅游信息，如旅游景点、旅游项目、景点项目活动价格等。除此以外，还应当为生态旅游者提供相应的环境保护教育以及自然地域状况相关信息资料。而且，在购买生态旅游产品时，生态旅游者有权利进行自主选择，可以根据自己的喜好以及旅游目的购买产品，且在此期间，有权利进行挑选和鉴别。如果生态旅游者在进行产品购买时，有利益经营者进行广告宣传，那么，就应当让其承担法律责任。

（2）人身、财产安全受保护的权益

生态旅游经营者的活动，不应当侵犯生态旅游者的人身以及财产权，因为，法律给予了生态旅游者人身以及财产安全的保护。也就是说，生态旅游经营者对生态旅游者所提供的生态旅游产品，应当也必须符合保障生态旅游者人身以及财产安全的要求。倘若生态旅游者的人身或财产在生态旅游活动中因生态旅游管理者而受到损失，那么，生态旅游者将有权向个人或责任单位索要赔偿。

（3）获得质价相符的产品与服务的权益

对于生态旅游地区的服务和产品，生态旅游者有权要求质量方面的保障。除此之外，价格的合理以及公平也是不可或缺的。生态旅游者在生态旅游区所购买的服务或产品质量，都应当与其价格相符。特别是生态旅游餐饮、项目活动、住宿等，它们的差价直接反映了生态环境、服务内容、服务水准乃至整个生态旅游活动内涵的差异，所以在价格方面，一定要符合实际。

2. 责任

（1）保护生态环境为己任

其一，尊重旅游目的地的生命。人类文明永恒的主旋律是对生命的尊重。我们从生态学角度来看，地球上的任何生命都是一个共同体，这些生命之间都存在着十分复杂的生态关系。毋庸置疑，在生命面前，所有生物都是平等的。人类也不例外，也是这共同体中的一员。所以，人类与其他动物一样享受着平等的权利。因此，我们人类应当尊重所有生命，要对所有生物物种固有生命共存，以及它们特有的生活方式予以尊重，遵循生态规律，使生物繁衍所需生态条件不遭到破坏。

其二，尊重旅游目的地的自然生态系统。自然生态系统是在生物及其生存环境的相互作用下形成的。而多样化和多层次生态系统又巧妙地形成了生态旅游目的地。当生态旅游者置身于生态旅游目的地时，就化身为了生态系统中的一部分。我们应当尊重生态系统的完美性、稳定性以及完整性。因为，它对人类生存的环境价值有益。然而，对生态系统最好的尊重莫过于按生态规律行动，且在行动过程中要保护好存在于生态系统内在的相互依存的自然生态关系。与此同时，还应当重点保护生态系统中那些稀有的，甚至濒临灭绝的物种，使生态系统保持平衡和稳定。

其三，尊重旅游目的地的生态过程。大自然生物圈在经过数十亿年优化选择后，形成了生态过程。对于这个珍贵的生态过程，生态旅游者应予以特别关注和尊重。维护物质与能量流动以及生态系统的自我调节，以达到生态平衡。

其四，尊重旅游目的地的文化。随着人类文化的不断发展，人们的整体素质也越来越高，基本的生态旅游已经不能满足于生态旅游者的需求，更多生态旅游者都是抱着了解和学习当地文化以及风俗习惯、民族风情的心态参与到旅游中的。因此，为了更好地维护当地文化的自然性，就不要强求过分的舒适，也不要把自己的文化价值观强加于他人。在旅游前，应当对旅游地的民俗、礼仪等进行一定了解，做到"入乡随俗"。一定要在当地居民允许范围内进行各种活动。

（2）促进旅游社区经济与文化发展的责任

其一，促进旅游社区经济发展。吸收当地居民参与到生态旅游区从事第三产业、保护、管理等工作，如导游、餐饮、护林、放火、巡视。生态旅游不仅给当地社区群众带来了更多的就业机会，还促进了地方经济的持续发展，生态旅游者应支持当地社区群众的工作，为生态旅游目的地社区脱贫致富尽职，如科技工作者参与生态旅游能够为当地社区提供科技咨询服务，甚至指导协助工作。

其二，促进旅游社区传统文化的保护和提高。生态旅游区的传统文化，如富有特色的建筑风格，当地的舞蹈、音乐、戏剧、风俗习惯等对生态旅游者颇具魅力，生态旅游者应注意行为规范，尽量减少对当地传统文化的负面影响，同时应积极为旅游地社会传统文化继续保存并持续发展尽其职责。

二、生态旅游者管理途径

（一）通过法律、法规、制度等手段对旅游者行为进行制约

不可否认，对旅游者进行行为上的约束是对旅游者进行管理的一部分。而对于这种约束的实现，我们可以采取法规、制度等手段。目前，虽然大部分旅行社和旅游协会都纷纷制定了有关生态旅游者的生态旅游遵守准则，但是许多旅游地的《生态旅游者守则》内容并不规范，也不科学。这主要归因于研究生态旅游者行为模式的环节相对薄弱。所以针对此问题，我们应当强化对生态旅游者行为模式方面的研究，只有这样，才能进一步完善规范，使其变得更为科学化，从而对人们的行为起到更好的影响和制约效果。

（二）通过导游或宣传教育手段对旅游者进行教育

对旅游者进行生态保护教育的主要手段包括宣传教育和导游教育。这两者的教育比较直接。一个普通旅游者在经过宣传教育或导游教育之后，其环境保护意识被显著提高，且能自觉维护生态环境，部分旅游者甚至还会积极参加一些关于保护环境的公益活动。为此，在做好游客管理工作的同时（使其在游览过程中不破坏环境），还应当用丰富的生态知识和环保知识来感染游客、教育游客，让游客在快乐旅游中"游"出知识和责任。

（三）通过技术手段加强对生态旅游者管理

目前，根据不同保护区段的特点，合理划分保护区功能分区，属于对生态旅游者技术管理的一种。通过此方式，可以降低使用，甚至关闭或封闭生态旅游保护区段，以减少旅游者对该区段生态环境或资源的破坏。

（四）通过经济手段加强对生态旅游者管理

除了可以使用法律、宣传、技术手段对生态旅游者进行管理外，还可以利用经济手段对其进行管理，如罚款、弹性票价、报酬奖励等，这都可以对生态旅游者起到一定的引导作用。弹性票价是指当景区进入保护季节时，可以将票价抬高，这样便可以使部分旅游者在其他季节来此旅游。

第二节　生态旅游业管理

一、管理的主体与对象

（一）生态旅游行业管理主体

1. 政府管理部门

众所周知，政府的经济功能可以通过行业管理体现出来。而政府的经济管理部门又分别在市场经济体制以及计划经济体制下被分为多种类别。前者可以把政府经济管理部门分为职能部门、微观部门、宏观部门；后者可以把政府经济管理部门分为职能部门、专业经济管理部门、综合经济管理部门。

但我国政府各经济部门目前都在进行相应的调整，因为，我国目前正处于转型期。这便致使我国政府行业管理部门既属于一种自律性行业管理组织，又属于一个更具综合性且范围较大的行业管理部门。由于我国旅游业的行政管理是由我国国务院主管的，且其直属机构是文化和旅游部，而我国的生态旅游业主要由旅游行政管理部门进行管理，所以应当成立地方旅游行政管理组织。

2. 行业协会或行业组织

行业组织的种类繁多，其中就包括行业管理组织，而行业管理组织实际上是介于企业和政府之间的市场中介性组织，因为它不仅代表了整个行业的利益，同时又属于政府管理职能的延伸，可以毫不夸张地讲，它就是最高权威性的自律组织。如我国目前的乡村旅游协会、旅游饭店协会、中国旅游协会等，它们都对生态旅游行业管理以及发展做出了不可磨灭的贡献。

（二）生态旅游业管理对象

生态旅游市场是生态旅游业管理的主要对象，生态旅游业管理者往往对生态旅游市场的发展趋势会起到引导作用，如相关法律、法规、制度等，都是其实施管理的有效手段。基于此手段，应当积极建立生态旅游市场规则，定期对生态旅游市场进行调查、监督和秩序维护等，促使相关企业行为更为规范，努力创造较好的生产经营环境，使相关企业的活力充分发挥出来。需要强调的是，市场经济规律应在不直接干预企业日常行为的同时，对企业进行行为的规范；在对企业决策不进行直接干预的同时，正确引导企业决策。

二、管理的具体范畴

（一）旅行社企业的营销与管理

1.建立旅行社绿色产品体系

可以说，生态旅游产品是旅行社绿色产品的直接含义，如滑雪旅游、生态农业旅游、观鸟旅游、海洋旅游等，都属于旅行社绿色产品。除此之外，绿色旅游产品还应当是与生态保护原则相符的人工产品，如海洋公园、植物园等。当然，部分恶劣生态环境产品也被包括在内，如探险旅游、沙漠旅游等。简而言之，所有绿色旅游产品都应当与可持续发展要求相符。

2.树立绿色经营观念

旅行社和旅游组织要根据时代的潮流树立全新的绿色营销观念。把环境、经济、社会的统一效益切实落实到具体业务中。

在开展各种生态旅游活动以及绿色旅游活动时，旅行社或旅游组织应当把旅游目的地设在具备生态条件的区域，对于那些比较敏感或脆弱的生态区域应尽量避开。除此以外，旅行社或旅游组织还应当回避那些接待体制尚不完善的旅游目的地，特别是对于一些不重视生态资源保护只想为自己获取利益的旅游目的地，更应避而远之。针对旅游团人数而言，尽量不要超标，最好控制在适当范围内，这对于领队实施有效管理是十分有益的，进而可以实现对生态旅游环境的保护。

3.开展旅游教育与培训

（1）加强对导游的培养与教育

由于与游客接触时间最长的是导游或领队，所以旅行社应当定期对员工进行绿色培训和教育，同时丰富导游和领队的环境及生态相关保护知识，提升其对自然及文化的责任感。

（2）加强对旅游者的教育

培养生态旅游者保护自然的观念，使其在旅游的同时，能够对目的地的生态以及人文情况有更为深入的了解，并充分认识到生态保护的重要性，引导其具备保护自然的观念，使其旅游行为更为规范。除此之外，还应当建议旅游者不购买会对当地自然环境带来影响的土特产。由于各地区的风俗习惯存在差异，所以导游或领队应当指导旅游者使用适宜的方式与当地人进行交流，积极组织多元化的、对自然生态保护有益处的活动。

4. 旅游活动反思

旅行社在每次生态旅游活动结束后，都应当积累和总结活动中的各种经验，同时向生态旅游者进行问卷调查或简单咨询等，以征求反馈信息，如"您对此次旅游活动的安排是否满意？""您对此次旅游有何感受？"等。

（二）绿色饭店的营销与管理

1. 生产生态化

针对饭店的生产生态化，主要指的是旅游饭店为生态旅游者提供的食宿产品的生产应从方方面面体现出"绿色原则"，如"高效""清洁""可循环""节约""无污染"等。除此之外，还应当将产品的生产观念进行更新，从而为生态旅游者提供绿色的、信得过的产品，如采用节能技术对常规石油以及能源煤等进行科学、合理利用，节约生产成本，辅助、供给部分新型可再生能源服务于人。

2. 服务生态化

由于服务过程和服务产品的生态化都属于服务生态化，所以餐饮产品和客房产品都属于生态化旅游饭店的服务产品。例如，针对生态化饭店所提供的绿色食品而言，可以专门选取和采购一些以无污染的生态方式生产出的不含任何化学添加剂的"绿色食品"作为原材料。为了使旅游饭店的服务生态化得以更好地实现，旅游饭店应当使用安全且卫生的，可反复进行使用的竹木筷子。对于游客未食用完的菜肴，应当使用符合环保要求的餐盒打包。

针对生态化饭店的客房装修而言，应当采用无污染"绿色材料"。客房内所必备的一些一次性用品，也应当使用低值易耗品，既能满足游客的基本需求，又可节约用料。当然，本着服务生态化原则，我们还可以在房间内摆放一些绿植，使游客感受到生命的气息。

3. 管理生态化

何为管理生态化？我们通常会把在"绿色饭店"管理中所体现出来的微笑服务、周到亲切、气氛环境清新健康、经营管理有条不紊以及资源用料厉行节约的风格和形象视为管理的生态化。当然，在本质和内容上达标后，绿色饭店还应当树立绿色营销观念，并进一步做好绿色宣传活动，这主要归因于企业的灵魂是营销观念。所以，旅游饭店企业也应改变传统经营观念，树立绿色营销观念，顺应绿色消费的大潮，开展绿色营销。因为，要想使自己立于不败之地，且得到持续生存和发展，就必须顺应绿色消费大潮。在宣传上，也应注重绿色宣传，这可在一定程度上争取到员工和客人的理解而减少饭店的工作量或减少能源的消耗。例如，宣传"回收一吨纸，相当于少砍13棵树""节约每一滴水"等标语和口号，都能引起人们强烈的环保意识，进而塑造饭店形象，提高其美誉度。

（三）旅游交通企业的绿色营销与管理

1. 绿色陆运交通

所谓的绿色陆运交通，主要包括人力车、畜力车、游览车、徒步等。那么，针对陆运交通，景区内道路设计问题是首先需要解决的。例如，"道路的位置应当设计在哪里？""道路的走向以及宽度应当如何设计？""道路的铺面应当使用哪些材料？""道路延伸的范围是否可取？"等诸如此类的问题，都需要经过严格的承载力评价和环境影响评价。此后再解决交通工具选择以及使用的问题。由于各自然保护区的要求有所不同，因此应当减少甚至限制机动交通工具的使用，支持和鼓励人力、自然能、畜力等交通工具的使用，甚至是徒步旅行。从而在最大程度上减少对自然环境的污染。除此之外，还可以多鼓励游客使用一些公共交通工具，减少私人交通工具的使用。对于进入景区的汽车也要进行有效的选择和使用。普通汽车排放的尾气对环境污染较为严重，因而改革燃料（可采用无铅汽油代替有铅汽油，使用新型燃油添加剂以提高燃烧效率）、改革设备（改进内燃机结构，安装废弃催化净化器等）是减少汽车尾气污染的有效措施，而研制、发展无公害汽车和高效交通系统则是长远措施。当然，以电动车、太阳能车作为景区内部交通工具则是旅游交通生态化的一个重要方向。此外，在生态旅游景区内还应划定区域，只允许步行者少量进入等。

2. 绿色空中和水上交通

针对生态旅游景区的空中交通而言，降落伞、直升机、观光飞艇、大气球等都是不错的选择。当然，诸如空中登高的缆车或是索道等，也都是比较适合生态旅游景区使用的空中交通工具。空中观光交通工具在一些较大的湖泊或河流旅游区、条件较好的热带雨林旅游区、海洋旅游区、大峡谷旅游区等会更具优势。因为，这些工具对植被的破坏程度较小，甚至没有破坏性。而且，对于一些野生动物的日常生活的干扰也相对较小，所以其具有较高的可行性。针对生态旅游景区的绿色水上交通而言，竹筏、独木船、游船、游艇、羊皮筏等都是不错的选择，而针对一些绿色潜水装备而言，像漂流筏、救生装备等也都比较适合使用。但如果一定要使用轮船的话，应当使用无动力船或电动船，尽量不要使用油动力船。

（四）旅游景区的生态管理

对游客的生态知识进行培养和补充，旅游景点开发力求做到科学性、知识性与观赏性的统一；注重对景区旅游管理人员和员工生态知识的培训和生态管理，提高景区从业人员整体的环保意识、环境管理技能等。从生态旅游研究和实践的角度来看，旅游景区包括生态旅游景区和一般旅游景区，旅游景区的管理包括了这两类景区在内的所有景区的管理。对于生态旅游业的管理而言，生态旅游景区的管理是极其重要的，是不容忽视的，因为它直接关系到生态旅游业能否顺利实现协调、健康的可持续发展，能否确保生态、经济、社会效益目标的统一。旅游景区行业管理要求有关管理部门和地区景区行业协会充分发挥上级管理部门和行业的管理监督作用，对旅游景区生态化发展进行指导、规范、管理和监督。旅游景区管理部门应积极制定旅游景区生态化发展管理规范和条例，对景区的旅游容量、景观生态规划、景区管理者和从业人员素质培训等方面做出新的指导性规定，对旅游景区生态化发展的管理大体包括以下内容：要求景区根据生态旅游对环境的严格要求，在原有旅游容量的基础上进一步制定景区合理的生态旅游容量，确保旅游活动对资源和环境的影响减小到最低限度；对景观功能以及结构进行较为深入的分析，做好景区具体生态规划，如对做好景区自然以及社会要素等相关资料的搜集和调查工作，及时诊断景观结构功能、分类，根据结果构建不同的功能单元，把优化利用和整体协调作为根本目标，从而进一步确定景观单元及组合方式，最终选取合理的、科学的利用方式；旅游景区开发过程要突出生态化、原始化和自然化，从植被保护到景观服务设施，都要求坚持生态和环保原则，营造生态化的环境氛围。

（五）旅游商品销售业生态管理

其一，成立专门的旅游商品管理机构。各地旅游局可设立专门的旅游商品管理机构，对包括生态旅游商品在内的本地区的旅游商品生产、经营和销售进行统一管理和宏观调控，确保旅游商品的生产和销售符合生态化的要求，不对资源可持续发展产生危害，符合国家相关法律法规。监督旅游商品质量，协调物价部门制定商品价格，规范市场行为；规范旅游商品定点销售及管理工作。同时，在国家层面也应成立相关的管理机构，主要负责旅游购物规划和设计的审定，相关法规、政策的制定，对相关问题进行协调、监督与检查等。

其二，注重生态旅游商品的研发与创新。各地有必要成立旅游购物商品策划开发中心，主要负责地方特色旅游购物商品的创意策划、设计研制，或兼有生产组织和经销职能。旅游购物商品的设计机构既要策划对传统的旅游购物商品进行更新换代，又要根据生态旅游的特征，充分挖掘生态旅游文化内涵，创新生态旅游纪念品，充分体现"回归自然、返璞归真"这一生态旅游文化的根本特征。

其三，为了使市场机制和社会团体发挥各自作用，应积极建立旅游购物商品行业协会。倘若我们完全依靠行政关系对各大企业所生产的旅游购物商品进行管理，必定十分困难。所以，就目前而言，最有效的管理形式莫过于建立行业协会这种自律机构。为各企业传达贯彻政府的相关法律、法规、政策是该协会的主要任务。

任何与生态旅游购物商品生产、销售相关的研究机构，都应当积极参与到行业协会中，并接受协会行业的管理。除此之外，该协会还会为协会成员协调彼此间的关系，使之成为利益共同体，并定期为成员提供市场和行业信息。对行业实施监督，为提高全行业产品质量和技术水平，定期为从业人员进行技术培训，奖励先进、激励后进，杜绝一切违禁以及伪劣旅游商品的生产和销售等。

三、管理的基本手段

（一）行政手段

不可否认，政府部门的主要手段是行政手段。对于生态旅游业的管理而言，旅游行政部门的任务在于，对建立的新型旅游企业或新型旅游相关项目进行审批；规范和考核全部行业从业人员，并对服务质量进行检查和评定；监管行业销售产品价格等。除此之外，还可以通过对行业进行对外宣传、人才培训、经营指导以及信息提供、资源开发等行政手段，为全行业搞好服务。当然，这也是政府部门最能发挥其服务功能的所在之处。

（二）经济手段

对于市场经济体制而言，经济手段是万万不可缺失的。因为，我们不仅可以通过经济手段来实现生态旅游业的质量监督，还能更好地执行相关政策法规。例如，在行业内的企业内部实施奖优罚劣，这样有助于调动企业员工的工作积极性。再如，行业内各企业每年举办一些评比活动等，优胜团体可以获得现金奖励等。且不说如此，质量保证金制度在我国旅行社实行以来，有力地保护了旅行社以及旅游者的合法权益。

（三）法律手段

为了给旅游企业提供一个公平有序的环境，法律法规是不可缺失的力量。因为，它是管理的重要依据，特别是针对我国这种旅游业起步相对较晚的国家，我国关于旅游业的法制还不健全，且规章制度也并不完善。可喜的是，随着近几年我国旅游业的不断发展以及社会主义经济市场体制的进一步完善，中央和地方纷纷加大了立法步伐，并提升了执法力度，使旅游工作的各个环节都有章可循、有法可依。由此可见，生态旅游业管理应当采取法律手段。

第三节 生态旅游社区管理

一、管理的目标

（一）社区居民生活质量的提高

对于社区居民生活质量的提高而言，其不仅是社区自身发展的一种基本要求，同时还是旅游扶贫的主要目标与体现。社区居民生活质量的提高包括道德、经济、文化、秩序、素质以及生活水平等方面。

（二）生态旅游者高质量的体验

为了获得某种旅游体验，生态旅游者决定去旅游。然而，旅游体验质量的高低会对旅游者需求的满足程度带来直接性的影响。同时，旅游目的地所具有的吸引力也往往会被这种满足程度反映出来，从而对旅游目的地以及该地社区声誉和形象造成一定程度上的影响。

（三）社区和生态旅游者共同依赖的环境质量得到维护

由于自然和文化资源的存在基础是环境，而环境又可以在一定程度上净化人类因各种经济活动所产生的废物，同时满足人们对舒适性的需求，所以，全世界对自然资源的保护和维护，以及对文化遗产的保护和维护都是十分关注、关心的。由此可知，想要使生态旅游业和社区经济得到可持续发展，就需要做好环境保护和维护工作。

二、管理的措施

（一）加强宣传、教育和培训

加强对社区居民的生态旅游宣传、培训、教育等活动，有助于提高社区居民对生态环境的保护意识，并对保护生态环境形成一种强烈的责任感，在提高其对旅游业可持续发展认知的同时，建立与管理目标一致的价值观、道德观，将一些错误的观念以及行为方式进行改变，参与到多元化可持续生态旅游业中。

（二）强调当地居民的参与

想要让当地居民在实践中认识到生态旅游业与他们的利益息息相关，就需要让他们参与到旅游业中，这种行为对管理目标的实现是有益的。

其一，把社区居民直接吸引到生态旅游区管理建设工作中来，如安排一些管理和看护自然保护区、森林公园等职位，由周边社区居民来任职，并给予其相应报酬。

其二，为了让生态旅游区的周边社区居民能够自发参与到旅游服务工作中来，有关部门可以制定一些相关政策，如生态旅游区收取部分管理费等。

（三）提高居民合理利用资源的能力

想要减少居民对资源的过度依赖，从而对环境起到保护作用，就需要提高其合理利用资源的能力，这样还能为居民带来一定的经济收入，并在一定程度上提高和改善居民的生活质量。然而，为了能够更好地提高居民合理利用资源的能力，相关部门应当以科学技术作为指导依据，不仅要对传统生产项目进行改造，还要积极扶持社区居民开发更多新生产项目，多开发利用水资源的无污染能源，如水能源、电能源等。

第四节 生态旅游环境管理

一、生态旅游环境管理概述

（一）环境管理的概念

环境管理是一个非常广泛的概念，主要是指人类在从事的各种生产与生活活动中运用宏观环境发展综合决策与微观执法监督来防止和限制人类损害环境质量活动的发生，通过全面化规则使经济发展与环境相协调，从而做到既发展经济，满足人类基本需要，又不超出环境的容许极限。生态旅游的环境管理则是指在开展生态旅游的各区域（包括自然保护区、各级森林公园及风景名胜区等）通过经济、法律、规划、技术、行政、教育等手段，对生态旅游活动中一切损害或可能损害资源与环境的活动及行为加以限制与规范，以维护和保持高质量的生态环境，协调旅游发展与环境保护之间的关系，使生态旅游活动的开展既满足旅游者回归自然的需要、旅游目的地经济的发展，又保持资源的原生状态。

实际上，生态旅游环境管理就是要预防和解决生态旅游活动中可能形成的环境污染和生态破坏，使其经营运作活动对环境的负面影响最小化，保证旅游目的地的环境安全，实现区域社会的可持续发展。

（二）生态旅游环境管理的特点

1. 协调性

生态旅游是一项综合性产业，其环境管理的范围涉及旅游、交通、文化、文物、民族、宗教、城建、环保、工商、卫生、公安、工业、农业、商业、林业、水利等不同的行业和部门，有关环境保护的事务往往会超越某一部门的职能范围，因此要在各不同部门之间进行很好的协作与沟通，协调和解决部门间、地区间、短期利益与长期目标之间、不同政策之间关于环境与发展的关系和问题，以使环境管理真正做到保护环境。

2. 综合性

生态旅游环境管理是具有交叉性的管理活动，是环境科学与管理科学、管理工程、社会经济学交叉渗透的产物，具有高度的综合性。一方面体现为管理对象和内容具有综合性。旅游环境管理涉及对旅游区的环境质量和自然资源质量的管理，它是由社会、科学技术、管理、政治、法律、经济等组成的完整的环境管理系统,内容的综合性决定了管理的综合性。另一方面,生态旅游环境管理的手段具有综合性,它需要采用经济、法律、技术、行政、教育等多种手段,并要综合加以运用。在生态旅游的环境管理中,规划是前提,资金是基础,实施是关键,监管是手段,政府支持是保障。

3. 区域性

由于各旅游目的地的自然背景、人类活动方式、经济发展水平和环境质量标准存在着明显的地区性与区域性差别,决定了旅游环境管理必须根据不同生态旅游区资源与环境特征,因地制宜地采取不同措施,以各旅游区为主体进行具体管理。即旅游环境管理的手段、制度等的运用,要注意结合当地环境与资源的特点,不能将统一的模式套用到所有的旅游区。

4. 广泛性

人们的环保意识和与环境问题有关的社会行为,是会经常地对环境起作用的因素。没有生态旅游目的地各级公众的参与和支持,环境管理便不能顺利实现。所以,生态旅游环境管理需要依靠旅游者、旅游目的地居民、旅游部门与环保部门以及政府等许多相关部门的广泛合作。这些都决定了生态旅游环境管理的广泛社会性。

5. 长期性

要知道,环境并非一成不变的,所以,我们应当对生态环境保护进行动态化管理。由于人为因素对开发与设计的影响较大,所以在规划与开发生态旅游阶段,应当加强实施管理工作力度。然而,新的影响又会随着时间的推移以及自然环境的变化而产生。所以,生态旅游环境保护并非一项短期工作,而属于一项长期性工作,在整个旅游活动中都要对其进行监测与评估,并随时根据评估结果调整环境管理的措施,做到适时有效管理。

(三)生态旅游环境管理的基本原则

1. 效率与公平相结合的原则

生态旅游规划与开发过程中表现出来的环境问题从本质上来说表现为两个方面:经济视角的效率低下,社会视角的有失公平。而效率和公平又是评价环境管理是否有效的基本标准。事实证明,低效率决定了不公平,因为效率与公平之间存在着密切的联系,它们相互影响、相互制约。基于此,我们可以这样认为,如果不注意或不重视公平的标准就盲目实施环境管理手段,那么最终很有可能会导致污染的增多,甚至导致生态旅游目的地的衰落。

2. 市场与政府相结合的原则

不可否认，目前各旅游区开展的生态旅游活动是以市场机制作为引导的，但由于种种原因，市场机制存在一定缺陷，也正是这些缺陷，导致在环境方面出现了"市场失灵"的问题。倘若完全交付于政府调控，却又不能为生态旅游地提供丰富的资源和资金保障。由此可知，要同时发挥市场协调以及政府调控的双重作用。一方面加强政府的监管，另一方面以经济利益推动各旅游企业自觉参与到保护环境的工作中来。

3. 制度与技术相结合的原则

"人与旅游环境间的关系"以及"人与人在使用环境时的关系"，是我们需要解决的两大旅游目的地保护的问题。而这两个问题，实际上有着本质区别，前者所强调的重点在于环境技术，而后者所强调的重点主要在于环境制度。技术水平的高低决定了环境保护的质量、效率，制度的本质则明确界定了旅游区环境保护的责、权、利关系，解决了生态旅游环境管理需要激励什么、约束什么的问题。但是，制度的选择和设计只能与当时、当地的技术水平相适应，而不能孤立地就制度论制度。

4. 预见性和长远性相结合的原则

生态旅游目的地环境的管理会带有一定的滞后性，往往是在旅游活动形成污染以后才开始进行治理，这就要求开展生态旅游的环境管理工作时要有预见性和长远性。要密切注视旅游活动的开展动向可能对环境保护带来的短期和长期影响，要在各生态旅游区不间断地开展环境影响评价，并使之年度化、规范化，以此保护旅游目的地环境资源的可持续性。

二、目标与方式

（一）生态旅游环境管理的目标

生态旅游活动是围绕可持续发展这一主题展开的。在生态旅游活动中，我们可以采用环境管理的方式，对环境进行相应的保护，并在此过程中逐步实现社会经济与环境之间的共同发展，这便是环境管理的基本目标。要想持续地取得较好的旅游经济效益，需要对环境和经济双重管理目标进行优化，实行同步规划、同步运作，建立覆盖整个生态旅游区的长效管理机制，把生态效益和经济效益相互推动的关系贯穿到生态旅游活动中去。

（二）生态旅游环境管理的主要方式

1. 末端治理型环境管理

在开展生态旅游的各旅游区，目前采用较多的是"末端治理型环境管理方式"。该方式的特点在于强调对污染的事后治理，且主要对环境污染物的排放量进行控制，属于先污染后治理，边污染边治理的环境管理方式，花费大，治理效果不明显。这种方式在20世纪80年代我国各生态旅游景区比较常用。

2. 清洁生产型环境管理

与末端治理型管理相比，清洁生产型环境管理更受大众喜爱。因为，大量实践证明，事后治理费用要远远高于预防污染费用。而清洁生产型环境管理正是以预防为主的，于是人们渐渐接受了清洁化生产环境管理的观念，致使生态旅游景区的环境管理模式逐渐向清洁型环境管理模式发生转变，在利用较低成本的同时，高效解决环境污染问题。

3. 全过程型环境管理

事实上，一个企业从决策产品到生产产品，并将产品售于购买者的整个过程中的每一个环节，都会对环境造成不同程度上的污染。除此之外，旅游项目的修复、重建，甚至于对景区的毫无节制的投入等，也会对生态环境造成一定程度上的破坏，甚至导致生态资源的枯竭。针对于此，使用全过程型环境管理模式是最好的选择。因为，此模式主要是把环保意识渗透到旅游产品的各个环节中，且把景区自身解决环境污染问题的要求作为工作的根本切入点，进而对生态旅游项目中的各个环节进行环境管理，这是目前最为有效的一种全方位生态旅游环境管理方式。

三、主要内容

（一）生态旅游环境承载力的确定

1. 对生态旅游环境承载力概念的理解

一个旅游区所能容纳的旅游者人数并不是无限度的。由于旅游者的过度集中会引发诸多环境破坏问题、经济问题和社会矛盾，因此一个旅游区客观上存在着一个容量的极限值，这个极限值就是生态旅游临界容量，也被称之为"生态旅游环境容量"或"生态旅游环境承载力"。迄今为止，国内外对生态旅游临界容量的定义尚无一致的看法。综观国内外对生态旅游临界容量的研究，有以下几个方面的共同点。

其一，生态旅游临界容量是在某一旅游区域范围内，旅游环境的现存状态在不损害当代人利益、又能满足后代人旅游需求能力的情况下，某一时期内所承受的旅游者人数。

其二，生态旅游临界容量应该说是一个阈值，在此阈值范围内，一般开展旅游及相关活动不会导致对旅游环境的破坏。

其三，生态旅游临界容量是一个综合性的概念体系，临界容量阈值影响因素很多，包括社会文化环境因素、经济环境因素、旅游用地因素、旅游者种群因素、地域类型因素、管理技巧因素、时间节律因素等。

其四，生态旅游临界容量的概念体系是由一系列旅游环境容量分量组成的，应该考虑的分量也较多。根据综合性原则和主导因素原则等，其临界容量的概念体系由两大部分组成，即自然旅游临界容量和人文旅游临界容量，其中又包括了若干分量。

2. 生态旅游承载力监控系统的构成

（1）信息处理系统

由于我国旅游业起步相对较晚，所以无论是在旅游信息的发布、接收方面，还是在旅游信息的使用方面，基本都处于滞后、分散的较低层面上。而这一问题严重影响了旅游活动的顺畅进行。即在旅游活动过程中，由于信息的不畅，而导致盲目、无序现象的出现，致使超临界容量现象频繁出现。

信息处理系统的出现在极大程度上减少了这种不良现象出现的次数。它是生态旅游临界容量监督控制系统的一分子。我们应当科学利用该信息处理系统，建立多级区域性旅游信息中心，针对社会大众旅游信息的发布与反馈进行强化，以便对多向交流进行强化。如此，便能在第一时间掌握生态旅游活动的各种动态信息，并能轻松对其进行调控。

（2）支持系统

支持系统主要由科技支撑保障、政策法规保障、人力资源保障、资金投入保障以及相关系统运转管理等要素构成。其作用在于组织和保障生态旅游临界容量的监控系统。

（3）调控系统

调控系统的主要任务在于通过对平价信息进行处理，做出适宜地预警反应，并在此基础上，调动一切资源，采取一切有效手段，争取把旅游活动调控至最佳环境容量值。

（4）协同系统

相关产业的协调、社会传播媒体的引导、社会大众的理解与支持等，都是协同系统中应当包含的要素。因为，生态旅游临界容量调控实际上是对社会大环境的一种调控。要想将其顺利实现，就需要相关的各旅游外围产业高度协同。

3. 生态旅游承载力监控的途径与手段

（1）确立各区域生态旅游承载力数值

对各旅游区、旅游景区、旅游点临界容量数值的动态测定是各旅游接待地经营过程中所面临的重要问题。在旅游接待地经营的过程中，应当根据不同生态、经济、社会乃至心理的容量标准，提前明确各自极限值。目前，我们在对旅游地确立临界容量值时，主要遵循最小优先的基本原则进行。在此基础上，再对那些能够使区域临界容量数值发生变化的各参数规律进行研究。

（2）建立、完善旅游信息网络系统

随着时代的不断发展和进步，我们已经顺利进入了信息化社会，对于生态旅游环境的管理而言，旅游信息系统的进一步建立与完善显得尤为重要。因为，它将关系到旅游环境容量调控工作的未来发展方向。

（3）做好临界容量"瓶颈"通道扩容工作

某一景点、某一类甚至某一方面的极限值，决定了旅游地的临界容量值，这时便需要通过扩容工作对此"瓶颈"进行制约。在对旅游地展开调查工作的同时，还需要对自身临界容量的"瓶颈"制约点进行阶段性确立，通过多元化手段及渠道，对"瓶颈"进行扩容，以增强旅游的整体临界容量。

需要强调的是，对于生态容量的扩容工作而言，应当谨慎细微，其主要表现在对社会容量的扩容和经济容量的扩容上。除此之外，还需要增强接待能力的反弹性，以适应瞬息万变的旅游业，同时积极增强旅游地临界容量的反应弹性。

（二）生态旅游环境管理的制度规范

1. 生态旅游环境监测制度

生态旅游环境监测制度是指生态环境管理部门或生态旅游区相应的管理机构借鉴和使用科学、先进的技术设备，定期或随时对区域内的生态旅游环境（包括自然环境、人文环境）质量进行监测和分析评价，考察生态旅游活动带来的资源质量下降、物种数量减少等后果。它是最直观和科学的对生态环境进行保护性管理的方法，是环境保护工作的基础。生态旅游环境监测制度的作用在于：其一，监测那些被破坏的生态系统在人类治理过程中恢复的过程；其二，为了更好地预测、预报乃至影响评价，要对监测数据进行相应的收集、整理、加工，以便更好地探究各种生态问题变化规律，甚至是其未来的发展趋势。

总而言之，对生态旅游区域进行相应的监测和管理，是生态旅游环境监测制度的关键。而生态旅游环境监测制度能够把旅游活动对环境的影响降至最低。所以环境管理要依附于环境监测，而环境监测又要不断向环境管理提供所需技术。

2. 生态旅游环境影响评价制度

（1）生态旅游环境影响评价的类型

其一，事前评价。此类型评价主要是指在实施生态旅游开发规划方案编制前，做好一系列测算和评价旅游环境影响的工作，从而在事前对生态旅游环境进行科学控制。

其二，过程评价。随时追踪监测和评价生态旅游开发、生态旅游规划、生态旅游活动对生态环境所造成的影响，争取在第一时间发现破坏生态环境的现象，并及时进行相应的治理。

其三，事后评价。在旅游过程中，旅游环境将会受到不同程度的影响。这便需要生态旅游环境动态监测的帮助，并在此基础上，建立一个相对完善的事后影响评价制度，在深度了解旅游景区环境质量状况后，将其与环境质量标准进行比对，从而找出影响环境的根本原因，而后就目前旅游环境承载状况做出相应的评价。

（2）生态旅游环境影响的预测和评价

我们可以采用AHP（层次分析法）方式，根据生态旅游环境区的环境过程、变化规律，以及相关生态旅游区的现状来确定评价要素的权值，为生态旅游对各环境要素带来的影响进行定性或定量预测，而后再对生态旅游环境影响做出相应的评价。就目前而言，相关评价主要有"环境后果不清楚""环境后果不重要""环境后果严重"三种情况。

如果在相关测定后，我们得出的结果是"环境后果不重要"，那么，便可进入生态旅游开发阶段，或是继续从事生态旅游活动；但如果最终的测定结果为"环境后果严重"，那么，就不能再往下进行生态旅游的开发，如果一定要进行开发，就需要改变原有的开发计划，使其适应环境要求；如果最终的测定结果是"环境后果不清楚"，就需要做更详细的环境影响评价，进一步加强环境管理工作，提出环境保护及修复意见，制定合理环境容量，在保护旅游者获得良好旅游体验的同时，做好旅游环境保护等一系列相关措施。

公众参与对旅游环境影响决策以及验收监测和评价而言是十分重要的，是不可缺失的。就公众参与问题，我们可以通过召开公开说明会的方式进行，在会上为公众提供旅游环境影响评价等相关信息内容供其阅读。以媒体形式向公众传递旅游环境影响评价验收监测结果、报告书审批意见等相关信息。

（3）生态旅游环境影响评价的流程

当前，全国各地旅游发展计划及开发规划已成为旅游行业管理体制中的常规性内容。生态旅游环境管理和保护应从这些发展规划中体现出来，只要是涉及生态旅游的旅游规划都应包含环境影响评价的专项内容，以此为环境保护管理工作提供依据。

3. 生态旅游环境审计制度

生态旅游环境审计是对审计对象的环境业绩进行监测和评价，以确定其是否符合规定的环境要求。环境审计的基本目的是确保法定的环境规划和管理项目的实施，承担规定的环境义务，达到规定的环境标准。它的主要目的是确认和证明旅游业的环境依从水平，提供一个有效的旅游环境业绩考评的手段。环境审计是生态旅游环境管理中一个重要组成部分，在处理环境表现以及环境问题过程中，环境审计能够提供重要的反馈机制。有效的环境审计方案可以增强旅游业管理水平和市场竞争力，确认环境保护的重要性，降低环境风险，及时发现管理系统的缺陷并实施改正措施。与环境影响评价不同的是，生态旅游的环境审计是强制性的，它更关注于环境影响评价的预测过程是否达到了预期的目标。随着公众对环境问题的日益关注以及对可持续发展理论的广泛支持，环境审计将为旅游业的环境管理与规划提供更有效的方法。

（三）生态旅游环境管理的具体措施

1. 依法实施环境行政管理

要实现有效的生态旅游环境管理，就必须加强旅游环境法制建设，完善立法。应根据生态旅游发展的总目标，开展立法规划的研究。可以采取"边破边立"的原则，围绕生态旅游中重点推进和优先实施的领域，加紧清理现行环境法律、法规，制定实用完善、可操作性强的生态旅游环境法规，并进一步明确政府各行政主管部门的执法权限和法律责任。同时，更要特别重视这些法规的监督执行，建立协调、高效的环境行政管理和执法体系，为旅游区各利益主体提供行为准则，有效规范、影响他们的行为方式，加强对环境污染和生态破坏的监督，切实改变目前存在的较为严重的执法交错、碰撞的现象，提高环境行政执法的权威性、合法性和准确性。这也是生态旅游环境管理的实质，而且只有不断健全这些法规政策，形成严密合理的系统，才能为生态旅游环境管理提供法律和政策依据。例如，严格执行生态旅游环保审批制度，在旅游活动的源头把关，把不符合资质的旅游企业排除在生态旅游开发经营之外，以行政手段抬高生态旅游的门槛。

2. 建立科学环境管理运作机制

为了能够切实体现出"污染者负担"的原则，我们应当把生态旅游的环境管理建立在依法强制管理以及市场经济法则基础之上。在政策上，相关部门应当给予那些对生态环境保护有加，以及对污染治理有功的旅游企业或旅游目的地景区支持与帮助，而对于那些在环境治理以及环保资金投入中遇到困难的企业或旅游目的地景区，应当及时给予帮助。

在经济上，相关部门应当给予那些治理污染效果明显的企业适宜奖励。除此之外，对于那些损害生态旅游环境的企业，相关部门应实施征收责任赔偿费、污染税，收取高污染保证金等措施，且将这种具有极大影响力的外在污染内化到成本和市场价格中，巧妙借助价格机制控制污染，从而建立一个科学的环境管理运作机制。

3. 建立和完善生态旅游环保科技、产业政策

生态旅游中出现的环境污染实质就是生态资源的浪费。虽然对旅游活动进行末端治理能够解决污染问题，但这毕竟是治标不治本的做法，不仅耗资大、运行费用高，还会造成资源的流失与浪费。所以，生态旅游环境管理必须以科技作支撑，健全和完善环境科技发展政策，鼓励景区开发者、投资者研究、开发、引进和应用"耗能少、物耗低、资源转化率高"的新产品、新技术、新工艺，科学、合理地配置资源和要素，降低单位产品的资源损耗及污染物产生量，真正走清洁生产的道路。同时，还需要完善产业发展政策，培育市场体系，限制淘汰那些对生态资源造成严重破坏的旅游开发与规划项目，尤其是对旅游服务设施的建设调控，什么地方可以建，什么地方不可以建，什么项目可以上，什么项目不可以上，都应做明确的规定。从产业政策方面引导经营者的投资行为，以合理的旅游产业布局来实现对环境的保护。

4. 建立先进的环境管理信息系统

生态旅游的环境管理信息系统是一个相对复杂的系统，它由多学科部门的多级管理层次所组成。在做到满足现行环境管理各项制度要求的同时，该环境

管理信息系统还需要为标准化、规范化环境管理信息系统的建立做好前期准备。

那么，环境管理系统都具备哪些功能呢？即在服务于环境管理的同时，还要兼顾其他用途。然而，要想建立一个集多元化功能、经济实用、运行稳定于一身的环境管理信息系统，就需要依附于多学科不同专业间的相互协作与攻关。不仅如此，还需要加强特殊因子以及应急监测仪器设备的配置，并积极推行污染源在线实时监测，在第一时间掌握污染源动态，同时对其进行科学管理，为环境管理决策提供可靠依据。争取建立一个社会化、污染治理设施专业化的运行管理机制，从而确保污染治理设施运行的质量。

5.进行全员培训，共同提高环保意识和能力

建立和推行环境管理体系需要全体员工的合作与参与，员工的环保意识直接影响着旅游区的环境绩效。为了提高员工的环保意识，有必要对全体员工进行一系列的入门培训和环境知识宣传。除此之外，对一些专业性比较强的工作人员要进行专门的能力培训，如污水处理工、体系推进员、环境审核员、生态旅游导游和文物保护人员等，培训的内容涉及：环境管理体系知识培训；环境方针、环境意识的培训；环境法律、法规及相关要求的知识培训；专业知识和技能培训；所在岗位和环境职责、重要环境因素、细分的目标指标、信息交流方式的培训；体系负责人员培训。与此同时，要加强对社会公众的环保教育，变单一的政府式环境管理为公众参与式的环境管理。倡导企业和公众自觉行动的混合型生态旅游环境管理体系，但这一目标的实现需要全社会的共同努力。

第五节　生态旅游可持续发展评价

一、生态旅游可持续发展评价

与传统旅游的实质有所不同，生态旅游主要是以社会效益为目标，以生态效益为前提，以经济效益为基础，通过三者的结合来进一步实现旅游业的可持续发展的。也就是说，生态旅游更注重对生态环境的保护，以及对旅游资源的可持续利用。由此可见，可持续发展是生态旅游的发展目标。当然，我们也可以把生态旅游视为一种可持续发展的旅游，因为它的核心内容符合可持续发展理论的观点。从某种角度上来讲，它还是实现旅游可持续发展的一个有效途径。因为，生态旅游在丰富旅游内涵，拓展旅游外延的同时，还对环境、经济、社会等产生了良好的效益。

然而，我们应如何对各生态旅游区的可持续发展状态进行评价呢？这一问

题已经成为世界热点问题。就目前而言，对于生态旅游可持续发展的评价研究，我国仍采用先对生态旅游资源现状进行调查，而后对其进行详细分析，最后提出相关生态旅游可持续发展的适宜策略的方式。这类研究属于定性研究，在研究过程中特别强调对生态旅游资源的评价分析，但这种评价分析存在一定的弊端，它并不能把握研究领域的一些微观问题。因此，在研究生态旅游可持续发展过程中，应当积极建立评价指标体系，并在此基础上构建相应的计算机模型，多采用定量化手段进行研究。

二、生态旅游地可持续评价方法

（一）生态足迹评价

1992年，具有现代意义的"生态足迹理论"被著名生态学家威廉·里斯首次提出。而后，经过魏克内格尔的进一步研究，终于在1996年对"生态足迹理论"进行了完善，并在此期间形成了生态足迹分析方法。他指出，人类的任何生活活动和生产活动，都会对自然生态环境造成不同程度上的影响，还会留下"足迹"，而这些所谓的"足迹"，实际上可以通过一定的指标计算出来，而后我们将得出的最终结果与生态容量进行比对，便可轻松了解全球生态可持续发展状况，并给予评价。计算公式为：

$$EF = N_{ef} = N\sum \left[(r_i \times c_i) / p_i \right]$$

EF 在式中代表生态足迹总和；N 在式中代表人口数量，ef 在式中代表人均生态足迹；$\sum$ 在式中代表 $[(r_i \times c_i)/p_i]$ 的总和；i 在式中代表服务和消费商品类型；r 在式中代表 i 种交易商品折算后的生物生产性土地面积，除此之外，r 还是均衡因子。由于不同的生态生产性土地所具有的生物生产力有所差异，因此，为了便于计算，使其能够直接相加，我们就必须把这些具有差异性的生物生产性土地化为相同生物生产力的面积。国际标准均衡因子是我们目前所广泛使用的；c 在式中代表 i 种商品人均消费量；p 在式中所代表的是 i 这种消费商品在世界范围内的平均生产力。

应用于旅游研究的生态足迹模型的具体体现是旅游生态足迹，而旅游生态足迹主要是站在足迹的角度，对旅游活动以及资源消耗对环境带来的影响进行研究。我们把旅游生态足迹的消费项目按照旅游活动的特点以及不同情况分为六种，即旅游餐饮、旅游住宿、旅游交通、旅游游览、旅游购物和旅游娱乐六种。我们可以把区域旅游生态足迹子模型结果相加，从而得到该区域最终的旅游生态足迹值。之后再将该值与区域旅游生态承载力进行比对，从而对该区域的可持续发展状况进行评价。以下公式便是旅游生态足迹六个子模型的构成计算公式。

$$TEF = TEF_{food} + TEF_{accommodation} + TEF_{transportation} + TEF_{tourism} + TEF_{shopping} + TEF_{entertainment}$$

TEF 在式中代表旅游生态足迹总和；TEF_{food} 在式中则主要代表旅游餐饮生态足迹；$TEF_{accommodation}$ 在式中主要代表旅游住宿生态足迹；$TEF_{transportation}$ 在式中主要代表旅游交通生态足迹；$TEF_{tourism}$ 在式中主要代表旅游观光生态足迹；$TEF_{shopping}$ 在式中主要代表旅游购物生态足迹；$TEF_{entertainment}$ 在式中主要代表旅游娱乐生态足迹。

（二）生态承载力评价

生态承载力也可以在一定程度上反映生态旅游的可持续发展水平。那么，什么是生态承载力呢？即某一地区所能获得的生物生产性土地总面积。但需要强调一点，其获取前提是必须保证在生态系统生产力以及功能的完整性不受任何损害的状态下进行。对于该区域而言，这个面积是一个极大值。计算公式为：

$$EC = Nec = N\sum\left[\left(a_i \times r_i\right) / y_i\right]$$

EC 在式中代表的是区域生态承载力；N 在式中代表的是人口数量，ec 在式中代表的是人均生态承载力；i 在式中代表的是生物生产土地的类型；a 在式中主要代表人均生物生产性土地面积；y 在式中主要代表产量因子；r 在式中主要代表均衡因子。

第七章 生态旅游的绿色技术与可持续发展策略

在当前的经济和社会环境下,发展生态旅游是必然的,但怎样解决发展中的问题和矛盾,怎样实现可持续发展,就需要从我国的具体情况出发,加大环境保护力度和政府部门的宏观调控水平,全面发挥社会团体、旅游媒体的宣传作用,使生态旅游可持续发展的理念深入人心,有规划并且有重点地开展生态旅游经济系统的建设,使经济活动和环境保护相互结合,从而,达到经济、社会、生态环境和综合收益的最优。本章分为生态旅游的绿色技术、生态旅游可持续发展的对策、生态旅游可持续发展的反思与超越三个部分。主要包括绿色交通、更新价值观念、树立"以人为本"的生态旅游理念等内容。

第一节 生态旅游的绿色技术

一、绿色交通

生态旅游区应以方便使用、尽可能减少对环境的影响为目标。按照通达性要求,建设区外交通;按照保护性要求,建设区内只通往人口集居地的交通;按照生态环境要求、采用生态性材料,建设游览交通。绿色通道主要分为以下几类。

①生态小径是一种连接多个景点、游览辅助设施,迂回弯道较少,且破坏作用很小的游客通道。生态小径应尽可能顺坡向布设,尽量避免修盘山道,这样不仅方便游客游览,还可以起到对山坡的保护作用和排水作用。

②天然小径是一种用砂石、碎石、河卵石建设铺就,环绕生态景区四周,或连接各种设施的简易通道。主要功能是:供旅游者进行散步、远足、慢跑锻炼、蹬山地自行车、拉练等活动。

③探险小径是通往生态旅游区最难靠近景点的坚硬小路,通过树冠走廊、溜索等空中走廊,跨越河流、峡谷和峭壁,专为身强体健的旅游者探险使用。

④空中走廊或树冠走廊是架设在生态景区高空的通道,既能有效地保护珍稀动植物和脆弱的生态系统,又能把旅游活动对野生动物生活习性的干扰降到最低程度,同时还为游客免遭凶猛动物、蛇类咬伤、其他蚊虫叮咬以及滑坡、泥石流等自然灾害影响提供有力的保障。

⑤野营小屋是建设在旅游服务区和保护区边缘村寨附近的野外简易住宿设施。这种设施的建设,要与已有设施和周边环境相协调,依山傍水,因势而建,体量要小,颜色要鲜艳,从远距离就很容易辨识和发现。建设时应优先考虑排水系统,对水源地建设明显的标识。

⑥环形安全通道是连接景区周边及区内所有设施、各条生态小径和天然小径的应急通道。主要功能是进行迅速、及时的防火、救火、紧急疏散、撤离和急救。平时也可用作为慢跑锻炼、野营、应急系统演练等。

部分旅游者在旅游的过程中追求的是自然野趣,永久性的交通设施太过惹眼,违背了旅游者的旅游动机。为了使生态旅游区不失"野趣",以及最大限度地减小人为因素带给生态旅游区的影响,在建设绿色游览线时,需要遵循的原则如下。

(一)有利于观赏风景原则

关于游览线路建设需要遵守的原则,首先要便于游客欣赏风景,要将环境特征与游人巧妙地进行融合,避免把自然背景阻拦或遮蔽起来;其次在游览线路的选材、布线方面,除了要考虑游客的兴趣特点之外,还要充分考虑游客的审美标准。在布线时,要遵循弃直取弯的原则,最佳的布线方式是起点和终点相近的单环线。此外,选择的路线若是能偶尔遇见野生动物,这样将会极大地增加游客的旅游情趣。

(二)有利于保持特色原则

首先,道路或步行小径的路线选择和设计不适合在山脊上,并且要注意不能过于突出和显眼。适合修建道路和小径的地形是较低的山坡,适合修建的游路选址是靠近湖泊、河渠的景点,不适合修建的选址是长段沿水体的景点。其次,最合适的道路或步行小径的地形选址,是沿用原有小径,同时与斜坡、树木,以及小山等自然地形特征交相呼应,与原有景色与地貌形成相一致景色的区域。最后,步行游道的建材可选用当地木板、卵石,以及石板等材料。这些材料的色彩要自然,裸露的骨材或者是表面径向纹理的材料是最好的选择。最不适合的材料是清一色的碎石路、沥青路。

第七章 生态旅游的绿色技术与可持续发展策略

（三）有利于生态安全原则

不管是生态旅游区游览线路的布设，还是生态旅游区游览线路的建设，都要遵循符合生态安全要求的原则。一方面，要对景区是否有必要修路进行判断，无路可走状态下的景区将会带给游人以"披荆斩棘"之感，相较于平坦的游览道更加具有吸引力。另一方面，在建设游览线路的过程中，除了要考虑景观生态安全之外，还要重视游客安全。景区中除探险区以外的步行道，要重视难以逾越的障碍物，如荆棘等植物的清理。

生态旅游区交通建设的投资重点是区外进入性交通，体现生态保护性要求的技术重点是区内游览步道。游览步道既要方便游览，串联体现生态旅游区特色的景点，又要利于环境保护，避开环境脆弱地带。游览步道布局类型主要有三种基本类型，即线状、叉状和环状，由此三种基本类型可衍生出许多类型，如放射状、树枝状、网状等。

建设生态旅游区交通线路后，还要建设位置合理、数量适当、干净整洁，具备绿化隔离线的生态停车场。建设停车场，要特别注意平整土地时对景观的影响。地表植被一旦遭受人为破坏，就很难恢复，而换成另一种植被，既不自然，又破坏了生物多样性。若有珍贵植物，且又必须修停车场或公路时，应把植物和土层分门别类地移走，完工后，再原样恢复。添置没有污染的交通工具，可用特色交通工具，如三轮车、轿子、游船、羊皮筏、独木舟、漂流艇、热气球、观光飞艇、降落伞、滑翔伞、人造飞碟等接送游客，既突出了生态特色，方便了游客，又可以增加生态旅游区的净收益，减少因购车、汽油等消费而产生的旅游效益的漏损，也可减少汽车尾气污染。此外，也可发展单座、双座、三座自行车。在回程单调、景观重复的山顶到山脚，可选用钢丝滑轮运送返程游客。景区内不使用对环境造成污染的交通工具。鼓励游客乘坐公共汽车、电瓶车、帆船、人力船溜索或骑自行车。提倡网上办公，使用移动通信设施，减少交通工具的使用量。

绿色陆运游览线设计应遵循以下原则：道路和人行小径、桥梁不应很突出和显眼，尽可能和自然地形地貌相一致；修建停车场时，关注可能会对环境产生的影响；大多数水上绿色交通工具都比一般的旅游船只小一些，不需修建专用码头。开展空中绿色交通，应特别注意安全，需向当地政府或民航机构申请，并在特定的空间范围内开展活动。加强对从业人员的技术培训，凭证上岗，并落实严格的安全检查制度。空中索道、缆车的建设，应不以破坏景观为原则，并将环境影响降低至最低限度。

二、旅游标志系统

关于旅游标示系统建设的要点，主要有三个方面。首先，在旅游公共信息标志图形符号方面，应有导向标志、指示标志，以及禁止标志和警告标志等；其次，在布局方面，应设有停车场、出入口，以及餐饮设施等位置；最后，旅游区各种标志、景点指示选用的材料，要注意因地制宜，与环境相适应。

在线路交汇处，要有指路标志，标明前方景点的方向、名称和距离等要素。标志牌和景点介绍牌位置合理，数量充足。提示的信息要准确、有趣、简洁。要求方向明了，距离准确，做到科学性与艺术性的统一。在停车场、出入口、主要路口、厕所、公用电话设施、餐饮设施等处，设置规范、高档、精美、醒目的图形符号系统，建设正确、清晰、完好、美观的交通标示。

三、简朴的吃住设施

（一）简朴的吃住设施的原则

关于生态旅游区宾馆的建设选址，首先，必须要综合考虑生态环境承受能力。其次，除了要符合当地自然经济状况之外，还要符合当地道德规范。最后，还要能促进人与自然和谐相处。住宿设施的建设要依据容量控制要求，布局主要集中于区外、山下、边缘等地，住宿设施以中档为主，一方面，禁止建设别墅，禁止在建筑的外立面贴瓷砖，禁止建筑外层修建玻璃幕墙等低俗设施；另一方面，不管是建筑的造型、色彩，还是建筑的材质，都要做到与景观环境相协调。生态旅游区吃住设施建设应遵循以下原则。

首先，吃住设施的建筑风格应能充分融入当地社区，不仅要质朴、简洁，还要能与当地自然、人文环境一致。

其次，生态旅游区吃住设施及其配套设施的数量与体量一方面要求为中小型化，另一方面，要在遵循低容量、低密度原则的同时，重视体现乡土化、分散化。

最后，进行吃住设施建设时要最大限度地利用原有基础，或者是对其进行改造，重视当地建筑材料、技术的选用，为游客创造出一个既能提供绿色产品、绿色服务，又具有仿生态、有益于健康的环境，最大限度地使顾客在住宿期间，在享受到自然经历与教育的同时，还能享受到保护自然的教育。

通过自助、提前订餐，以及控制分量等方式，来减少食物浪费。除了客人有特别要求外，禁止使用一次性餐具，毛巾、床单等用具，变"每日一洗"为"一人一洗"。这样既减少了清洁费用、洗涤剂的使用量和污水的排放，保护了环境，延长了客房用品的使用寿命,又没有降低游客的舒适程度。

生态旅游区提供的饮食,应该有别于城市宾馆筵席,筵席相关设施的选择,除了要注重简洁、实用、富有特色之外,还要以废弃物最小化为目标。提供的饮食,以一些极具情调的特色食品为最佳,通过特色饮食和情调服务,来充分满足游客的休闲需求。生态旅游者大多不会为了填饱肚子而到旅游区进食,而是会为了获得一种吃的愉快,寻求一种饮食的气氛和感觉。所以,生态旅游区饮食设施要简洁,服务要讲究艺术,主要是营造气氛,追求一种野趣和自然,关键是不能对环境产生不良影响。

(二)绿色饭店

关于绿色饭店的概念,述说起来是以可持续发展理论为依据,通过对环境进行友好的开发经营方式,来为游客提供一种绿色服务的同时,创造一个清新舒适的旅居环境。绿色饭店的特点主要体现在四个方面。首先,绿色饭店的建设除了要遵从低容量、低密度原则之外,还要遵从中小型化风格特异、本土化的原则;其次,绿色饭店的经营方式以家庭经营为主,要充分融于当地自然环境和文化环境;再次,绿色饭店的建筑风格要古朴、自然和舒适,要符合当地人的建筑风格;最后,绿色饭店建筑要坐北向南,通过储能建筑材料,包括太阳能采能器等,来实现节能和环保。大自然是生态旅游设施建筑设计的思想源泉,为了拉近与自然的距离,设计者应抛弃传统的建筑设计形状、结构,亲身体验生态旅游区的景观资源特色,将其设计与环境形成协调一致的风格。

1. 选址

绿色宾馆选址时,首先应注意避免大面积地砍伐树木,最大限度地减少对植被和文物古迹的破坏,同时还应少占林地,避免建筑及其建设过程对植被、土壤环境带来的不利影响。其次,对昆虫、爬虫和啮齿动物控制给予特殊关注,将设计给它们造成的侵扰降至最轻。自然保护区,或者是森林公园内的生态宾馆选址,最佳位置是实验区或周边地区,同时要最大限度地避免对动物的生物学、生态学习性产生影响。最后,宾馆建筑体体量、高度等元素,除了要与长期的环境标准保持一致之外,还要能与其他基础设施和功能区相统一,避免对景观环境的破坏。

2. 材料选择

绿色宾馆可对建筑材料(如木材、竹林、禾草、石材等)、电能供给、能源消耗的节约、废弃物处理等全方位实行全新的管理。在建筑材料和建筑技术方面，尽可能采用当地建筑技术；使用内含能量低的材料，减少钢铝、混凝土等高内含能量材料的使用（所谓内含能量是指建筑材料在开采、运输建造、装配以及施工、运输过程中消耗的能量以及建筑体建设时本身施工和场地处理的能量消耗）；尽量采用当地建筑材料；重复利用宾馆原有建筑设施的一些建筑材料、构件与设备；内部装饰和设施应采用当地的资源，如将栎树、枫杨、竹子、杨树等树种用作加工制作家具和装饰的材料。

3. 水资源利用

绿色宾馆的水资源利用应建立循环利用系统，特别是在降水量小的偏远地区，应建立雨水收集和循环使用制度。在不改变自然水域的情况下建立小水库，还可以采用低流量的冲水马桶、无水厕所、特别的淋浴喷水龙头等。

4. 能源消耗

目前，宾馆、酒店设备容量都很大。能源消耗量非常可观，一般单位面积年耗电量达到160千瓦·小时/平方米以上，能源费用占宾馆、酒店总营业额的5%～6%。对于大型酒店来说，每年要支出近1000万元的能源费用。如果存在能源浪费现象，这个数值还要增长。因此，绿色宾馆采取能源节省措施不仅有利于降低经营成本，还有利于环境保护。绿色宾馆的能源节省设计应包括：电气系统节能技术、空调系统节能技术、钢炉及管道节能技术以及其他节能技术（合理地确定房屋的朝向；种植落叶乔木，增加冬季光照；水力资源丰富地区考虑水力发电，实现电力部分或全部自给）。

5. 废弃物处理设计

废弃物运输或处理应使用对环境无污染的技术；设置安全的垃圾储存设施；从源头上控制废弃物的产生，实行绿色采购，减少物品包装材料的使用；废水回收后可用滴灌系统来灌溉植物；对有机物和非有机物垃圾分别进行分拣收集；推广无水厕所。

6. 社区利益

从理论上说，生态旅游宾馆及其设施的设计应在当地社区及开发商之间充分对话的基础上产生。如果开发商是外来的，就需要征募社区居民参与规划过程，招聘他们成为宾馆员工，这样有利于体现当地文化、生态伦理。给社区居民提供参与规划和受益的机会，确保社区对生态旅游的长期支持，减少负面的文化影响，这是非常重要的。

四、简洁的辅助设施

辅助设施既包括接待辅助设施——基础设施,也包括游览辅助设施——修建游览必要的观景台,在主要景观处建设观景亭、台、廊、椅、凳等,景区禁止永久性建筑,人工痕迹不突出。并且要在步行道两侧建设图文并茂的标牌。

建设区内外各级交通线路时,要预留动植物迁徙、传播通道,并设置提醒标志;交通选线与山形水系相呼应,使交通沿线山体绿化效果好,景观突出,行道树成荫,树种符合生态要求。周边100千米以内的依托城市,有客运火车站或机场、高等级公路干线,有高级公路或航道抵达交通干线。

建设隐藏、易于到达、标示醒目、便于通风排污、减少废水量的生态厕所或制肥厕所。堆肥厕所需要的温度不高,湿度不大,空气不多,是生态景区常用的技术。厕所位数应达到旺季日均游客接待量的5%,并设有残疾人厕位。

在鼓励游客带出垃圾的同时,配置与环境相协调、造型美观、布局合理、数量充足的垃圾桶。实施固体垃圾的分类收集和集中处理。旅游产生的垃圾,大多是一些包装材料,如纸板、纸、园艺废料等,这些有机废料和排污系统中清理出来的污泥淤渣、食物残渣,通过蠕虫培植、厌氧消化,可用于制作肥料,回归农田、菜地、果园。建设旅游安全机构、设施、制度、标示,建设医务机构与设施。在游客集中场所建设公用电话设施,建设微波通讯设施,确保游客所到之处都有手机信号,建设100平方米以上的游客中心、介绍景观或文物的影视厅等。

五、清洁而节省的能源

建设生态旅游区清洁而节省的能源供应体系,充分利用自然光,采用亮色、平滑的墙面反射光线。采用节能用具,根据相关研究,灯具节能顺序依次为:三磷酸荧光灯、荧光灯(效率是低压灯的三倍)、低压灯(效率是白炽灯的两倍)、白炽灯。利用微波炉等新的电子技术,其比传统的电炉高效。采用喷墨打印机,因为便携式电脑消耗的能源是台式电脑的1/10,喷墨打印比激光打印更节省能源。最大限度地利用太阳能设施、风能设施、天然水体的势能等。

布局和建设对生态环境与景观质量影响尽可能小的供能设施:电网、地下电缆,太阳或风能设施,由于生态旅游区大多位于远离供电系统的边远地区,使用光生电系统能优化企业形象,显示出强烈的创新精神、环境意识和生态道德,因此,被许多度假小屋和饭店采用。

根据澳大利亚旅游协会、联邦旅游部和世界旅行旅游环境研究中心等组织的研究，一年中，有 2.11×10^7 千瓦时的太阳能转化为风能，人类一年消耗的总能量为 9.05×10^3 千瓦时，只相当于现有风能的 0.04%。风速增加一倍，风能就增加 8 倍，即 2×风速 =8×风能。风能发电投资比太阳能发电少，比柴油机发电维修容易，几乎无噪声。离地面 60 米的自由气流层，风速最高，为风轮最佳高度，外观高大壮观，屹立在旷远的草原或其他背景中，本身就对旅游者具有吸引力。

生物燃料是通过将动物粪便及植物中各种有机物消化、汽化、液化、燃烧而得到的燃烧材料。动物提供的燃料主要是代谢废物，包括动物粪便、粪水、下水道污水及人类生活废弃物。植物燃料主要是其根茎杆、种子、分泌物及其降解物。研究显示，5 千克废弃物约能转化 1 立方米燃气。如果每户家庭平均每天产生 2.5 千克垃圾，则可转化为 0.5 立方米的燃气，足以满足家庭烧饭的需要。宾馆产生的废弃物更多，其转化成的燃气足够满足烹调和热水需要。

人类利用水能已有数千年历史，一百多年前，水力发电成为现实。现在，天然水体的势能也是生态旅游区理想的能源之一。在山岳型生态旅游区，终年有流水的旅游区，都可以利用小型水电站就地提供电能，而且可永续利用，不破坏环境。水电比太阳能、风能发电成本低。但是，水电站大坝、堰、河流改道以及其他相关土木工程建设会导致河流性质改变，尤其是回水区和下游生态系统受到较大影响。引水渠、分流渠等土建工程还会引发侵蚀现象。避免侵蚀的常用措施是在水库底部、出水口等水体回流处，放置大石块或其他坚硬物，分散水的流量，减少侵蚀。建设水电站时要根据生态旅游区近期与长期对电力的需求，正确计算出所需水流的速度、静态水压差和净水压差，选择合适的涡轮机。

（一）光生电系统

光生电系统的核心部件是太阳能电池，它可以将太阳能转化为电能。一个光生电系统包括的部件有：并排的多块光生电电板；电池支撑架；用来储存电能的电池组；交流电和直流电转换器。使用光生电系统的好处是：太阳能电池无噪声，不排放有害气体，对保护环境有利；就地发电，减少运输费用；安装灵活，不易损坏。最适于采用光生电的旅游企业是：岛屿度假区、偏远地区的旅游景点、野外旅游企业。

（二）同时发热发电

同时发热发电意味着在发电过程中，把产生的热量收集起来加以利用。使用这种系统，每年大约可以节约 40% 的费用。并且这种安装方便、占用空间小，噪声小、安装费用少的系统，可以使用户自行控制用电量，减少了输电的成本。澳大利亚康拉德·朱庇特饭店利用阿法拉伐板式热交换机，将空调制冷器主机产生的冷凝水加热，作为游泳池水，无论冬季或夏季，池水都能得到充足的供热。这一节能设备比较适用于大中型饭店，或是需要使用空调的大型办公楼。

（三）小型水电系统

水力发电是指水流进入某一高度的入口后，通过管道降落到低处的涡轮机的叶轮上来发电，水流过涡轮而回归溪流。降落的水产生的能量取决于水的势能和流过涡轮的水量。水力发电没有环境污染，属于绿色能源。

我国南方一些山区降水量大，水源充足。采用就地发电可以减少燃料运输，使输电损耗电量降低，如海南岛某国有林场，在天然林禁伐等政策发布之后，基于当地水利资源比较丰富的特点，通过股份制集资，经过勘察综合考察之后，建设了一个中等规模的水电站。这一水电站发出的电量可用于林场开发森林旅游或者是旅游宾馆等，也可为周边社区提供电量，这样做极大地减少了周边社区生活能源消耗，从而减少了人们对天然林的采伐。此外，还可向外销售电力。可见，水力发电不仅给林场带来了经济效益，还带来了一定的社会效益。

（四）太阳能热水系统

关于太阳能热水系统的概念述说起来是利用太阳光能将水加热的系统。而构成太阳能热水系统的主要有太阳能收集板、蓄水池两部分，有时还会配一个热交换介质。在日照时间较长的地区开展生态旅游时，应鼓励使用这种清洁能源系统。

（五）风力涡轮（风轮）

风力涡轮是通过1～3片叶片的快速转动来达到发电所需要的较高转速。叶片被安装在高塔上，以最大限度地获取风能。风轮的类型分为大风轮（100～500千瓦）和小风轮（0.25～100千瓦）。

发展风轮发电的原因是：与太阳能相比，风轮发电投资少，成本核算低；适合用不上电网的偏远地区，有商业特征等。如彩虹能源公司在沃宁火山口旁，利用风能发电，然后将电储存于蓄电池中，在需要时供给工厂。该公司把风力发电机与太阳能发电机联合使用，产生的电能大大超过了其自身的需求。

六、纪念品与购物设施建设

生态旅游区建设要以保护环境,维持生态平衡为前提,但若仅仅是为了保护环境,消极地维持生态平衡,就没有必要建设生态旅游区。任其自由发展,更利于保持原生自然环境和生物多样性。建设的目的,除了保护环境,维持生态平衡外,还要满足旅游者"吃、住、行、游、购、娱"等方面的需要。发展生态旅游区旅游纪念品的生产和经营也是增加环境保护经费的重要手段之一。

生态旅游纪念品是指利用生态旅游区当地原材料,在生产过程中低耗、低排、高效、环保,具有较强地方特色、审美价值和实用价值,能用作纪念、欣赏、馈赠的人工制品和天然产品。

生态旅游纪念品开发与生产基地建设,要选址合理,生态化设计,全过程环保,做到无污染、无公害、方便、实用,尽量采用本土化工艺,挖掘地方文化内涵,强化地方艺术风格,使用地方性包装材料。生态旅游纪念品开发与建设不能布局在生态脆弱地段,决不能以牺牲环境,导致珍稀濒危动植物灭绝为代价,不能贪大、求洋、笨重,要轻便、小巧、精美,便于携带。生态旅游区购物设施要少而精,符合环保要求,与环境协调,切不可喧宾夺主,凌驾于自然景观之上。

七、高效的环境保护设施和手段

①建设与当地水资源保护与利用紧密结合的给排水设施,水塔美化,不露明渠,建设集中的污水处理厂。据经验估算,浴室消耗的热水量约占旅游业热水消耗的一半,洗浴用过的水和雨水,经过滤、消毒处理后,可回收用于冲厕所,建设公共卫生设施。②鼓励通过互联网、电视、电话网传播新闻、实现无纸办公,减少报纸杂志定购量。③张贴或传阅通知也比分发复印件更利于环境保护,鼓励网上办公、传播新闻,减少纸制品垃圾来源。④选择包装用料最小化、回收边角余料、剩余材料的供货方。⑤用食物残渣饲养动物,而不是直接将其排入环境。禁止固体垃圾进入排水管。使用无磷的或可被生物降解的清洁产品。⑥规划并实施重点街区、村落保护,保持其历史传承性和整体完好性。⑦保留传统的节庆活动、传统剧目、民间工艺、宗教文化,保护传统文化,创造特色文化。

第二节　生态旅游可持续发展的对策

一、健全生态旅游法制保障

中国的旅游行业是一个巨大的产业，其对环境的影响是一点一点累积起来的。该行业现在还处于起步阶段，还面临非常多的机遇和挑战，因此，借助法律的方来规范和引领生态旅游的发展方向具有非常重大的意义。

首先，生态旅游行业的法制不够健全，应该加快制定相关的法律制度，不断解决措施落后和不足问题。按照当地的自身状况和有关体制的发展现状，并考虑到环境自身的制约因素和未来发展潜力，不断地积累经验，实时地处理管理中出现的问题，及时补充和修改相关法律条款，借助现场问卷调查和座谈会的方式对相关问题进行一定的优化和调整，满足人们持续变化的需求。

其次，在环境执法过程当中，对严重违反法律、法规的行为要做到执法必严，对不符合可持续发展理念的行为，一定要进行严厉的制裁，用法律的武器来保护生态旅游环境。

二、创新生态旅游体制、机制

（一）经济制度、机制的改变与创新

要想实现生态旅游的良好发展，不管是从宏观的角度出发，还是从微观的角度出发，都要明晰收益分配体制以及改革成本核算方法，同时，对产权关系进行明晰。除此之外，在增加项目资金投入的同时，还要增强对项目资金的管理。

1. 明晰产权关系

对经营权和所有权进行有效配置，除了要有效解决产权关联不清的问题之外，还要使权利和责任不明等问题得到解决。景点的开发和管理有赖于企业的逐步运作，政府部门要更好地行使政府具有相应的职能，即更好地行使服务、规划、管理，以及监督的职能，尽快脱离具体的管理。并且在有条件的情况下，依据自身的现实状况，来引入不同的经营开发模式，如承包经营等。

2. 改革成本核算方法

同其他旅游一样，生态旅游在成本核算方面存在着成本核算体系没有涵盖资源开发经营中的环境成本的缺陷，这一缺陷可以说是造成环境问题的机制根源。首先，关于环境成本，述说起来是指在环境经济学领域中，某一项商品在

生产活动中，包括了资源开发、生产、运输，以及使用、回收到处理商品等一系列为了解决环境污染和生态破坏问题，而产生的全部费用。

其次，生态旅游发展中的环境成本，概念述说起来是指旅游资源开发和利用过程中，对由人为活动带来的资源损失代价、环境污染，以及生态破坏，在展开治理和恢复的过程中，产生的费用的总和。关于改革目前的成本核算方法，一是建立起综合性的环境资源；二是建立起一个综合性生态经济核算体系，来对资源进行一个科学的评估，把这部分环境资源成本纳入生态旅游成本核算体系中，以真实地反映生态旅游成本和生态旅游产品的价值。

3. 调整收益分配制度

生态旅游收益主要包括了两个方面的收益，首先是直接收益，这一类收益主要包括门票收益，以及景点内部的旅游服务收益，其次是间接收益，也就是生态旅游关联产业经济收益。对当前生态旅游的收益分配制度进行调整的具体内容，即制定出一个对于旅游开发管理者和当地居民来说都比较合适的政策，其中，可以适当地使收益向当地居民倾斜，例如，给予居民适当的补贴等。与此同时，积极吸纳当地人参与到景点的各项事务之中，使他们迅速摆脱贫困和落后。要适当降低和减少景区压力，即减少旅游区上缴税收的压力；要加大反馈的强度，用旅游业带来的税收来促进投资发展。

4. 增加保护资金投入

为更好地发展生态旅游，可以通过投资者多元化的方式来实现，比如，加大资本投资保护力度，借助股票市场以及其他市场经济方式等。除此之外，为保证生态旅游资源资金的通道发展得更为顺畅，我国应努力争取国家有关的投资项目。一方面，增加旅游收益水平；另一方面，使资金来源方式得到增加。因此，政府部门不仅要控制好保护区的旅游收益水平，还要控制好保护区的旅游收益的比重，以此来使生态旅游开发的规模得到有效控制。

（二）管理体制、机制的改革与创新

当前，在对生态旅游管理体制、机制中存在的问题进行完善和改革时，要从资源管理、开发规划管理，以及经营管理角度出发展开探讨。

1. 资源管理

关于资源管理体制改革的入手角度，第一，在对生态旅游的一些资源进行配置和管理时，应用资产的配置和管理方式。尽快完成资源配置的模式转换，即由计划管理转化为市场配置。这一转变对生态旅游资源管理的发展有着重要的导向作用，在对生态旅游资源以资产化的方式进行管理时，能够促进生态旅游资源利用中存在的无偿使用的问题得到解决。

第二，要进行认真、细致、有效的环境影响评价论证。一方面，有助于项目运营成本和投资损失的降低和减少；另一方面，有助于环境容量的确定，这一举措对生态旅游开发的实时监控和环境评估等内容的后续管理来说，有重要意义。

第三，通过区域环境容量监测系统的建立，来对游客承载量进行测定。这一内容首先除了可以对资源当前的承载状况进行确定之外，还能确定资源是否发生了损害，以便相关人员有效控制游客的流量，将资源利用控制在其可承受的范围之内。其次，有助于生态旅游产品促销计划的制定，以便对客流进行控制，有效避开客流高峰，缩减淡、旺季客流之间的差距，从而促进淡季销售。

2. 开发规划管理

发展规划是一项全面的系统工程，这项工程不仅涉及了经济、社会各个方面的问题，更是与环境资源方面的问题有着紧密的联系。开发规划中，要想实现可持续发展，就要以生态旅游资源的特点为出发点，对旅游开发地展开一个科学且合理的规划布局，而要想实现可持续发展，一方面，要注重保护生态环境的多样性、物种种类的多样性、自然景观的多样性和资源的可持续性；另一方面，实现生态旅游地社会、经济、环境的协调发展。开发规划管理过程需要注意以下内容。

第一，旅游地的布局。在选用恰当的开发规划的模式时，需要综合考虑的内容有三个方面，首先，要以旅游资源为中心，进行一个详细的调研、分析和评价。其次，对资源基本构成进行分析，对资源状况、特性，以及空间分布进行充分考虑。最后，要对旅游资源的环境敏感性、环境容量，以及资源潜力等限制条件进行综合衡量。

第二，产品的设计和规划研究的展开前提是基于环境容量允许的条件范围下进行的设计。这一内容对游客的吸引和有效转移来说有着重要意义。

第三，在开发范围与程度上，一方面，要依据科学技术知识、文化水平；另一方面，不仅要参考人们对自然环境的认识和需求，还要参考人们对经济形势的认识和需求。围绕着自然生态的可持续发展这一中心，展开合理、有序、全面的分析和探讨。

3. 经营管理

关于经营过程的管理，这一内容对生态旅游的可持续发展起到的影响，主要表现在两个方面,其一,在旅游服务的管理上。在服务管理的任一流程中,都要重视对生态学基础原理和方法的综合、全面使用,并以此来最大限度地实现生态化管理。而关于旅游设施管理的生态化,这一内容的具体表现,即从旅馆的建设到使用的整个过程,都要遵循生态学原理,展开来讲就是在设施的规模方面要小;在与周围的自然环境的关系方面,要与其相协调,同时要重视对太阳能、风能,以及水能等生态手段的使用,以此来减少大量污染。

其二,在旅游者行为管理上。对于旅游者行为的管理是旅游管理之中的重要组成部分。在旅游的过程中,旅游者的行为直接影响着当地的旅游环境。旅游的管理方式主要有三种,首先是宣传教育。这一方式是最为直接的管理方式,例如,树立知识牌、发放旅游地相关资料等。其次是制度约束。这一方式述说起来就是制定相应的规章制度,一方面,明确指出旅游者具有的权利与义务;另一方面,明确指出若是旅游者违反旅游地的相关规定将会产生的后果。最后是服务示范。这一方式述说起来是指经营管理者要理顺权责,要求旅游地除了要提供优质服务给旅游者外,还要要求旅游者为生态旅游做出贡献。

三、加强生态旅游的宣传教育

宣传教育对生态旅游的可持续发展具有重要的内在驱动作用,它会直接影响到服务水平的高低,因此,应进一步增强生态旅游可持续发展的宣传力度。

(一)在教育内容和渠道方面

教育内容和渠道主要包括的内容为:其一,加强以生态旅游可持续发展为中心的思想和观念的宣传教育;其二,更新教育的具体内容;其三,以大众为中心,不断丰富他们在环境保护等方面的知识体系,包括环境保护科学技术以及系统的科学知识等,并且对大众知识框架和结构方面存在的缺陷和不足之处,进行完善。与此同时,加强景区的生态职业教育,使生态旅游的基本概念和内涵能够更广为人知。扩大人们接受教育的渠道;专业技能的定期培训;借助媒体,如报纸、电视、网络等传播方式,来对人们的生态环境保护意识进行加强;在旅游地,也可通过广告牌、导游来进行及时宣传。

(二)在教育对象方面

这主要是加强对四大旅游主体的教育,即决策者、旅游从业人员、旅游者和当地居民。针对旅游主体而展开的教育主要依靠学校来完成,在对不同的教育主体进行教育时,应注意采用不同的方式,可供决策者使用的教育方式有高级研讨会,以及专题讲座等。通过这些教育形式以期不断增强旅游主体的生态旅游可持续发展战略思想。首先，以旅游从业人员和当地居民为中心，展开长、短期学习培训，通过这一方式来使他们与生态旅游密切相关的从业能力和素质修养得到增强；其次，以旅游者为中心，利用多种媒体等方式，展开关于生态旅游相关知识和行为的宣传和引导，有助于帮助旅游者树立正确的生态伦理道德观，有助于旅游者自觉形成生态化旅游行为。

四、建设生态旅游和谐旅游社区

生态文化推进旅游业可持续发展的一个重要标志就是，旅游活动中的人与自然的关系、旅游者和旅游经营者与旅游社区居民的关系表现为相处和谐，旅游社区的居民能够长期从当地的旅游发展中享受到旅游经济的红利，并且他们能够有知情权、建议权、参与权、反对权和决策权。

人与自然的关系，包括平等关系、依存关系和竞争关系。平等关系是指人与自然应该都具有自己存在的价值，并不是人类就拥有超越其他物种的权利，应该说只要是其他生命体不威胁到人的生命，就不能任意虐杀其他生命体，尤其是动物。人与自然的依存关系，包含了人与自然的相互依赖的许多方面，如人对时间的依赖、地理空间的依赖、质的依赖、能量的依赖等，因为人类不依赖这些就无法生存下去。反过来，人是自然中的一分子，若没有人类的存在，自然界的美丽、自然界的演替以及自然界的存在价值就会有着许多缺憾，毕竟人是自然界生物链中最高级、最重要的一个物种，既然人类是自然界演替的结果，就一定有着自然界依赖于人类存在的理由。人与自然的竞争关系，主要表现在任何物种种群都具有自己的生态位，如果超越了自己的生态位，就必然会威胁到其他物种的生存机会和发展。显而易见，相互之间必然有着生存的竞争。因此，我们在发展旅游业时，一定要要求各类旅游活动中的人，坚定持有生态文化所蕴含的生态价值观和理念，广范围、广区域地宣传、倡导适度地开展旅游活动。在发展旅游业的实践过程中，应规定各类别、各级别的旅游区，建立旅游区生态环境承载力预警机制，应用旅游生态足迹等科学评价方法的测评结果，控制和疏导旅游区的游客流量，其宗旨就是不能过度利用旅游资源，应坚守人与自然和谐相处的友好关系。

在旅游社区保持人与人之间的和谐关系，就是要建立旅游和谐社区，包含旅游经营者与当地居民、旅游者与当地居民、政府旅游管理部门与当地居民以及旅游经营者与旅游者的和谐关系。当然，现在最为需要关注的是旅游经营者与旅游社区当地居民的关系。因为，旅游经营者通过开发当地居民所拥有的资源，在给当地带来经济繁荣景象的同时，也有可能会给当地居民的生活带来干扰，如使当地居民的物价、房价上涨，宁静的生活受到破坏等。从许多先行研究成果来看，往往在刚开始发展旅游时，旅游社区的居民会有一种兴奋感，但随着越来越多游客的涌入，当地居民会产生抗拒感，会持有反对的态度，尤其是他们在长久的旅游业发展中，并未享受旅游发展带来的经济利益，而生活的干扰又未得到经济补偿时，他们甚至极有可能采取极端的手段，阻止旅游活动的开展。因此，旅游经营者与旅游社区居民建立良好的和谐关系至关重要。从国际经验来看，旅游的一个重要作用就是可以带动地方的经济发展，而且相对其他产业而言，污染和破坏性较小，但是最重要的就是旅游经营者要负责任地组织和帮助当地居民积极地参与到旅游业活动中来，让他们能够明显地享受到旅游发展带来的利益和好处。

具体来说，首先，在就业方面，政府部门应督促旅游经营者多考虑安置当地的社区居民，或者针对相关企业设立一个合理的就业指标，作为考核企业是否帮助当地社区居民的标准，同时，还可引导旅游企业经营者定期或不定期地对当地居民进行旅游行业方面的培训，帮助他们经营销售一些纪念品，或者开设农家旅馆，并拨出一定的专项资金帮助当地的贫困户子女就学。其次，如果旅游企业经营者是利用当地资源作为其经营的旅游产品，无论是土地还是古民居或者是其他资源，一定要考虑旅游活动带来的负外部性，其均应交纳相应的资源有偿使用费；另要设立专项环境保护基金，作为维护和恢复当地生态环境和传统文化之费用。最后，在建设旅游设施或者开展旅游活动时，要尽量做到不扰乱当地居民的生活秩序，不妨碍当地居民的生活。如果出现了这样的问题，要及时处理。并且在建设旅游区时，不能以任何手段侵害当地居民的私有财产权，一定要在保护当地居民私有财产权的基础上发展旅游。总之，旅游企业组织除了保证自己组织的绩效、内部员工的满意度外，还一定不能忘记了自己的社会责任，需始终保持与当地居民的和谐相处，这是保证生态文化推进旅游业可持续发展取得成效的重要对策之一，可以说，当今社会已经提供了很多有关这一方面的例证。

五、培养生态旅游的意识和价值观

要实现生态文化推进旅游业可持续发展的有效性，须依赖尊重自然、超越中心主义的路径，采用多个渠道培养全体公民的生态意识和生态价值观。生态意识和生态价值观的培养需要通过政府的引导、法规约束、学校教育、传媒宣教、家庭教育等多种途径来进行。

首先，要制定生态环境教育目标，其主旨就是要培养人们的生态伦理道德素质、生态保护意识和处理生态问题的能力。公民生态道德素质的培养，一方面，需要从小事做起，成年人以身作则，小孩效仿遵守，逐渐养成节约资源能源、绿色消费的良好习惯；另一方面，通过生态环境教育，培养公民形成对自然的道德意识和情感，持有关心自然、合理利用自然、与自然相互依存的态度，有愿望成为具有良好生态道德素养的生态公民，同时，还应通过生态环境教育提高公民处理生态问题的能力，使公民不仅能够约束自己的行为，当遇到他人破坏生态环境的行为时，也能够出来加以制止；不仅具有能够为自己争取良好环境权利的能力，还具有能为他人或者社区争取良好环境权利的能力。并且不会因涉及自身利益而使其生态环境意识与生态环境行为相背离，也就是在实践中应该践行自己的环境行为。一旦持有了这样的态度和养成了这样的行为习惯，旅游活动中的各方才会重视对生态环境的保护。

其次，要通过学校教育和媒体宣传展开环境知识教育。生态环境知识教育，包括普适性的生态环境教育和专业性的生态环境教育。对于大多数公民来说，要重点传授普适性的生态环境知识，对于从事生态环境工作的公民来说，其必须学习生态环境专业知识。这些生态环境知识主要有：生态学知识，即生物与环境、生物与生物之间相互关系的基本规律和知识，包括生态平衡机理知识、人的自然观知识以及人在自然中的地位知识环境要素知识。另外，还包括环境系统知识，如森林生态系统、海洋生态系统等。这些生态环境知识教育对于旅游业经营者和开发者来说是十分重要的。即使是旅游者，如果其能懂得其中某些生态环境知识，也是非常有利的。因为，在旅游的过程中，他们就会自觉地遵守甚至监督同伴或者他人的环境保护行为。

最后，需要培养公民对环境友好的态度。其主旨是培养公民在处理人与环境关系、利用生态环境资源、保护生态环境时，要持有对生态环境的一种友好态度和行为，即要尊重自然界中其他生命体的生存权利和存在价值。环境态度教育是蕴含着人们对待不同生态环境问题所持有的准则与行为程度的教育。环境态度教育是实现行为控制和约束性教育的主要手段，即让受教育者知悉"质"与"量"的一系列标准和规定。其中，可以包括这样一些内容：一是教育公民要知道人类应该坚守的生态环境行为准则，培养自己的生态道德意志，无论何时何地均具有杜绝损害生态环境不道德行为的勇气和决心；二是对生态环境行为的约束教育，即通过设定环境行为的极限和具体限度，教育公民行为要适度，如适度的利用开发、适度的消费、适度的旅游活动等。环境意识教育则主要是通过对公民认识和心理方面的教育，培养公民对自然环境的道德情感。

通过上述几方面坚持不懈的生态环境教育，可使全体公民具有良好的生态环境意识和正确的生态价值观,无论是旅游经营者还是旅游者或者是社区居民,均会重视对生态环境的保护,同时会在实践中履行保护环境的义务。

六、推进生态旅游经济发展的新范式

随着人们对旅游方式多元化的需求,出现了许多个性化的旅游范式,这些旅游范式不仅是多元化、个性化需求的体现,同时也是生态文化的体现,如低碳旅游就是其中最具典型的代表。表现为个性化的旅游范式有背包旅游、换房旅游、"沙发客"旅游等。这些旅游范式虽然在名称上没有体现出生态环保的概念,但实际上却具有很强烈的生态环境保护意蕴。

(一)低碳旅游

低碳旅游的概念是随着气候变化的加剧而被提出的,是近年来人们对于旅游带来的环境影响进行重新审视的一种结果。原因在于,旅游产品多数是无形产品,其中一个最大特点是产品的消费是依靠人流的移动来完成的,人流的移动又主要依赖于交通,人们发明了越来越多的交通工具,并且交通工具的快捷性得到了急速提高,然而,这些快速便利的交通工具需要消耗大量的化石燃料,并释放出二氧化碳等有害气体。在20世纪80年代,国外就有学者得出飞机是释放二氧化碳的最主要元凶之一的结论,旅游业中的主要碳排放大户就是飞机。因此,有许多有识之士就提出来,乘飞机出行是一种极其不低碳的旅游方式。自驾车旅游,尤其是1~2人的自驾车旅游也属于不低碳的旅游方式。另外,酒店一次性用品的大量使用,酒店的豪华设置,包括高能耗灯具的使用,均可以说是一种不低碳的行为方式,这些现象的存在是因为人们还没有真正认识到这种行为的危害性,总认为这样的事情离自己太过遥远。所以,大多数人追求的只是人类自身的眼前利益。不过,最近这些年,有部分人认识到了该问题的严重性,主张要以低碳方式出行,尽量乘坐火车、公交车出去旅游,减少不必要的飞机出行,尽量不单独一人自驾车旅游。如果条件容许的话,还可以骑自行车旅游,多人拼车旅游。当然,采用这种节省能源使用方式的旅游,其最大目的就是减少二氧化碳等温室气体的排放。显而易见,在如此严峻的环境问题面前,在全国推广为低碳排放或零碳排放的低碳旅游范式是我们最好的选择,是实现生态文化推进旅游业可持续发展的有效对策之一。

(二)个性化旅游

在这个多元化的社会,人们的个性化需求越来越明显,在旅游范式上也体现了这样一种明显特征,其中,特别突出的旅游范式有背包旅游、换房旅游和

第七章 生态旅游的绿色技术与可持续发展策略

"沙发客"旅游等。

1. 背包旅游

背包旅游，也称之为背包客旅游，背包客中还有部分徒步旅游者，这些旅游者采用的是一种以徒步为主的自助旅游方式。背包旅游起源于西方发达国家，这种类型的旅游者往往会背上一个很大的背包，里面装满了他们在外面露营的用具以及食品、淡水等物品。所谓背包客就是对这些旅游者一种形象的称呼。背包旅游通常是独自一人或者很少的几个人一起，寻找很少有人工痕迹或毫无任何人工痕迹的自然风光以及原汁原味的风土文化之处，享受那种完全脱离城市喧嚣和世俗的放松状态，达到锻炼身体并获得强烈旅游体验的休闲效果。显然，这种旅游范式不仅体现了个性化要求，也是一种对环境影响极小的旅游方式，在国外已经发展了数十年，同时在我国近10年也逐步开始流行了。

2. 换房旅游

换房旅游出现在50年前的欧洲，在中国则还是刚处于起步阶段，可以说是一种低消费、节省能源的新的旅游范式。该旅游活动的完成，主要是由身在不同地方的两个朋友（或网友），通过第三方协议或相互之间自行达成协议，到对方所在地旅游时，短暂交换住房，即相互住在对方家里，可使用对方家中的一切用具，包括住宿、做饭、用车等。也就是说可以在对方家里享受一切用具。这种旅游方式的好处在于，非常经济实惠，可以享受到家的温暖，还可以不受季节的限制，会有一种十分惬意的感觉，且可以深度地游览对方所在地的美丽风光并了解其风土人情。这一旅游范式非常环保又很高端，既能满足当代人探险的需求，又能有助于结交新朋友并建立人与人之间的信任感，这一点正是我们生态文化所想要营造的社会氛围。当然，这样的旅游范式由于需要人与人之间的互相信任和诚实守信，目前有可能仅局限于少数人群。目前，换房热点国家主要是意大利、西班牙、法国、葡萄牙、希腊等国，当年由几名教师组成的换房度假中介机构现在已注册有50多个国家的1.1万多名会员，80%会员来自欧洲国家，其余的会员主要来自美国、加拿大、澳大利亚等。

3. "沙发客"旅游

"沙发客"旅游是一种最新的旅游方式，但发展速度非常快，已遍及世界各地。该旅游方式的兴起，缘于美国一位年轻人范特，其2003年在冰岛旅游时，受到了冰岛陌生人的帮助并获得了在冰岛的免费旅游的机会。他受该经历的启发而创立了"沙发冲浪"免费注册网站。该网站的宗旨是为世界各地想获得旅游目的地免费住宿、导游等的旅游者搭建一个沟通的平台。据该网站统计，中国大陆也是其中一支主要力量,"沙发客"作为一种全新的互助旅游方式给当今全球的旅游业发展注入了更为多元化和个性化的元素,而且同样是具有低消费、低碳、环保功能的旅游范式。之所以称其为"沙发客"旅游,是因其以借用对方的"沙发"作为住宿的地方,或者请求对方提供免费导游作为帮助,而并不要求给予对等的交换,但提供帮助者可以通过网站注册会员,寻找合适的对方提供相应的帮助。因此,该旅游方式虽然是一种互助旅游方式,但又不同于"换房旅游"这种具有对等交换特征的互助旅游方式。

七、提高生态旅游相关技术应用水平

要想使生态文化推进旅游业可持续发展水平的提高,很重要的一个环节就是需要在发展旅游业时提高生态与环境技术的应用水平,体现生态文化在旅游业中的物质文化水平。那么,首先需要做的事,就是要对旅游规划者、旅游设计者、旅游经营者、相关部门管理者进行生态环境技能教育。生态环境技能教育,主要包括利用环境资源、保护环境和治理与修复环境的技能教育。这些生态环境技能的教育对于上述人员来说极为重要。只有当他们掌握了这些方面的知识技能,认识到采用这些技能的好处后,才可能将现代的生态与环境技术很好地用于旅游业的发展与建设当中。环境与生态技能教育当然不是要求这些人员掌握其操作技巧,而是要他们知道在旅游的建设中,采用哪些技术和设计可以起到既环保又节能的目的。

旅游区的建设最重要的主体物件就是建筑,建筑是生态与环境技术应用的主要对象,在旅游区建设可持续建筑可充分体现生态文化对旅游业可持续发展的成效。

八、更新生态旅游可持续发展价值观念

生态旅游可持续发展的实现有赖于坚持"保护第一,开发第二"的方针。在发展生态旅游的进程中,保护和发展二者不仅是相互关联、相互依存的关系,还是相互矛盾的。首先,保护是发展的前提,要在整个开发和利用过程中将保护充分贯穿于其中。对自热状态下的开发与使用,不管是通过怎样的形式,势必都会带来负面影响,这意味着提高环境保护意识显得尤为重要,以便把这些负面影响控制在可承受范围之内。

其次,保护不是被动的机械式的保护,而是积极的保护。就当前中国各方面的现状来说,最为核心的任务就是发展。在我国,靠山吃山、靠水吃水的传统生存方式存在了很长时间,但是,这种方式极易造成对环境资源的破坏和浪

费。因此，只有在资源有效开发的情况下，才能全面发挥其作用和功效，从而改变该地区的落后面貌。

随着世界形势的不断变化和中国旅游业的发展，要想发展生态旅游，就要以理论和实践为依据，致力于更新价值观念，并在以下三个方面内容的基础上，构建起一个全面正确的社会体系。

首先，在可持续发展思想的指导下，即在生态旅游发展进程中，要落实可持续发展观点。

其次，在市场经济背景下，关于生态旅游发展新观点的形成，是建立在现实的经济环境条件的基础之上的，因此，它一定要适应市场经济的发展。

最后，重视科学文化内涵的引入。生态旅游优质服务的发展，除了要建立在科学技术的支持基础之上，还有赖于科学知识的普及。科学文化是资源可持续发展的重要保证，对于生态旅游活动主体转变观念来说，科技文化内涵的引入意义重大。在生态旅游的具体实践中，观念上更新的表现主要有以下几个方面。

（一）决策层生态旅游可持续发展的价值观念

在我国，生态旅游的决策层述说起来主要是政府机关，要想实现价值观念的更新与转变，首先就要从决策者观念的转变开始。决策者要认识到什么才是生态旅游的第一个目标，即认识到生态旅游发展的第一目标就是促进区域经济的可持续发展，而不是最大化的发展经济。因此，与生态旅游可持续发展有关的一切决策的做出都要以促进经济、社会，以及生态环境三个方面效益的提高为中心，一方面，充分重视生态环境的可持续性，另一方面，不只是简单地追求经济效益。

作为决策者，首先要认识到生态旅游绝不是无烟产业、非耗竭性消费，同其他产业一样，生态旅游产业也会消耗资源并产生垃圾；其次要认识到生态旅游，不管是在开发的过程中，还是在创造效益的过程中，都将会给资源、环境带来负面影响。只有这样，决策层在解决生态旅游发展过程中的问题时才能以客观辩证的观念出发，对发展中存在的不合理部分进行解决，并制定出一个既合理有效，又切合实际的，有助于促进生态旅游发展的新政策。

作为决策者，首先要摆脱旅游是单一性产业的观念，要求决策者树立大局的思想，要从宏观决策和调控的角度出发，寻求各级协调。决策者要从省、区到县、乡的生态旅游开发和发展过程中把握全局，另外还要考虑到县城和乡镇的发展。从行业来看，要照顾旅游组织机构以及中介的利益，要全面重视关联行业的发展。决策者要想做出科学、合适的决策,首要的就是树立"整体"思想。

(二)旅游者生态旅游可持续发展的价值观念

旅游者是生态旅游活动中的消费者,旅游者的旅游动机除了观光、游览、考察之外,还有学习、疗养等。关于旅游者生态平衡观的确立,即使旅游者树立起保护生态与环境资源的观念,这种观念的树立首先要使旅游者主动放弃傲视自然的态度,转变为尊重、保护自然的态度。若是旅游者始终对自然的欣赏只停留于肤浅的表面,即只是观光,那么就很难主动地参与到对旅游资源的保护工作中去。因此,作为生态旅游的参与者,一方面要建立起一个以保护环境为中心的新观念,另一方面要不断加强自身的环境保护意识。

(三)当地居民生态旅游可持续发展的价值观念

当地居民可以说是当地生态旅游开发的重要受益者,他们应同旅游者一样,一方面,要树立起一个生态资源平衡的自然观;另一方面,要树立起一个全新的资源观。比如,沙漠、戈壁等地,对于旅游者来说,都是极富吸引力的旅游资源。因此,在当地居民中确立起这种全新资源的观念是很重要的一项内容。生态旅游开发区的当地居民要树立起对资源进行持续、有效利用的观念,这不仅对当代人有着极大的意义,对后代人来说,也是非常重要的。当地居民只有不断增强自我环境保护意识,才能实现对生态旅游资源更好的利用和保护。

(四)经营管理层生态旅游可持续发展的价值观念

生态旅游的发展不仅有赖于经营管理者的科学管理,还有赖于经营管理者的良好经营,因此,作为经营管理者,首先,要不断改变或更新资源无价值的观念,不断对生态成本意识进行强化,并且主动在经营管理成本中融入生态成本。这样才能最大限度地保证经营管理的每一个环节,使其发展方向都是朝着环境保护而进行的。要想使经营管理者实现这一观念的转变,除了要依靠教育宣传之外,还有赖于对现行不合理体制的改革。

其次,经营管理者要改变传统中对旅游者有求必应的观念,特别是对旅游者提出的过高要求,如在享受娱乐和生活设施设备等方面的不合理要求,应予以拒绝。这与"客户是上帝"的宣传思想是有很大差别的。

九、构建生态旅游可持续发展的设施与环境

对于旅游业可持续发展的设施与环境建设,一是,要从人性化的角度考虑;二是,要考虑对环境的影响。只有这样,才能给旅游者提供一个既舒适又环保

第七章 生态旅游的绿色技术与可持续发展策略

的旅游设施和旅游环境，保证旅游质量的提高，也可保证环境不遭到严重破坏。首先，应考虑到旅游区的区位条件，通常来说应该选择公路交通和铁路交通较好的区位建设旅游区，同时，还应考虑旅游区与其中心城市的距离，或者要考虑现有旅游线路布局上的连接性，主要就是要建在旅游线路的通道上，既要考虑游客的可进入性，又要考虑游客的可退出性。总的原则是让游客能够顺利地进出，避免在旅游高峰时期让游客滞留于旅游景区或景点。在旅游中心区，应设计符合旅游景区标准的旅游服务中心，提供游客可以休息、观赏的合适公共空间，如人性化的凉亭、走廊、座椅、桌子等设施，尤其是要提供优良的软性服务能力，让游客感觉到旅游景区的真诚与热情，在心情上感到舒适和放松，扩大延伸游客在心理上的公共服务空间舒适度，这样会使游客更容易形成宽容和理解的态度，接纳公共服务空间在硬件方面的不足。当然，无论如何，还是应该提供合适的能够保证公共空间舒适度的设施。这些设施除旅游服务中心外，还应包括公共厕所，停车场，绿色廊道，通畅的通信设施，老人、儿童和残障人士无障碍通道以及驻足休息设施等。另外，在消防设施和社会安全方面，一定要以高标准进行建设，杜绝偷工减料，尤其不能够马虎应对检查而做成面子工程，如人群集中区的防火设施、突发事件的急救设施等要经常进行维护和维修，及时发现遭到人为破坏或自然损毁的设施并给予修复或置换，以防意外事件的发生。

其次，在绿地建设、原生态保持和植物物种配置方面，应以最科学的方法进行设计。旅游区绿化不应仅仅作为视觉的欣赏对象，还应满足旅游区以及与之相邻城市的总体绿化要求。在进行旅游区绿地建设时，应最大限度地保存原有景观生态和人文生态，不要动辄就拆迁原有民居和各种原有古迹，一定要考虑到原有居民生活的便利性，寻求与当地居民生活住居协调发展的建设方式。绿地布局应以保护多样性为原则，构建合理的植物群落，应尽最大努力保护旅游区的原生自然遗留地、自然植被和生物群落，配置的植物应多数为当地植物物种，不要为了追求所谓的"四季常绿"或者因其他目的而不顾当地的生态环境、土壤类型和气候类型，引进许多外来物种造成财力和物力的浪费，同时又不能达到生态绿化的效果。同时，不能以最容易形成视觉效果的绿草坪代替植物群落构成的绿地面积，而是应利用不同物种在空间、时间和营养生态位上的差异来配置植物，最终形成乔灌草构成、错落有致、层次丰富、色彩鲜明、配置合理的复合植物生态群落。在实际设计绿地时，应以科学的生态知识和原理指导绿地的建设，可以自行设定以叶面积指数来配置植物物种，如可以配置叶面积大、叶片较厚、光合效率高的植物，使其在旅游区形成冬暖夏凉的小气候，从而提高旅游区的舒适度、美观度和生态效应,这是生态文化推进旅游业可持续发展的最好体现之一。

最后,在保持建筑及所有旅游设施与景观生态的协调性方面下功夫,这不仅需要生态学知识,还需要历史知识、园林知识、美学知识等来指导旅游区的景观及建筑物建设。最重要的是,不要因为考虑短期的经济利益,而毁掉了长期利益,在旅游区大兴土木,推倒重来,快速地把城市建筑形式色彩、布局和规格等风格样式,直接复制到旅游区,全然不顾旅游区自身的生态景观格局和当地的民风民俗、山体河流自然景观形态。旅游经营者和政府管理部门在建设旅游区景观时,一定要进行事前调研,要多方听取专家和旅游区居民的意见,还应考察当地的历史,了解当地的文化及民风民俗。也就是说,不要急于建设,要用时间和耐心塑造旅游区的景物和建筑。要以我国朴素生态思想"细工出慢活"的精神来主导我们的景区建设节奏,所以,旅游景区的建设,应特别讲究其与当地自然景观和民俗的协调性,包括房屋建筑、雕塑、廊道设计、色彩的运用,均应因地制宜。要充分利用自然地形,依山势水势造景,既可采用规则式,也可采用自然式,或者混合式手法构造人工景物,尤其要进行人性化设计,并且要精雕细琢。不能为追求时尚,追求政绩,追求经济利益而粗制滥造,制造出千篇一律、不合当地境况的短命景观。

第三节　生态旅游可持续发展的反思与超越

一、合理控制生态旅游区的容量

要想使生态旅游环境的长期发展能够得以实现,必须要重视的内容之一是调节生态旅游环境承受力,对生态旅游区的环境容纳水平予以全面且充分的关注。旅游地在经过开发之后,若是当地的环境没有得到保护,将会破坏旅游地的生态平衡。一般情况是,人们会在旅游地淡季修复由旺季的旅游者造成的环境损害,以此来维持旅游地的接待水平,以此来迎接下一旺季。

政府方面要想更好地实现生态旅游,首先,要不断推进"带薪休假"制度,这样做的目的是减小旅游旺季的人流量,避免旅游者给生态旅游区带来过大压力。在政策和法律规定允许的前提下,生态旅游区可通过调整价格的措施来促使部分旅游者改变出行计划。总而言之,就是使旅游者摆脱来自可支配收益水平、闲暇时间,以及旅游价格等方面的制约,将旅游地旺季人流量分流至淡季。

其次,在旅游旺季的时候,利用媒体宣传等方式来展开对生态旅游区的宣传活动，通过相关技术掌握旅游交通运输和负荷的实时具体状况，在对旅游区进行科学的预测之后，对旅游者提供潜在的可能会发生状况的相关信息。旅游者以及潜在旅游者，通过媒体可以了解到可能出现的自然环境和生态损害的后果，从而选取一条合适的线路。

最后，还有其他减轻景点压力的方法来避免景点负荷造成的环境方面的损害。生态旅游区有多种多样的方式对旅游者进行分流，以减小生态旅游区的压力，包含强化旅游宣传，增加旅游需求和接待能力，缩小淡季和旺季的区别。其主要方法有三点：其一，引进设施来对人流进行合适的调控，主要在生态旅游景点的门口和售票口等进行设置，景点一旦超过自身环境承受力，就不能允许游客继续进入；其二，国家相关部门要允许旅游区进行合适的收费，这意味着旅游区的费用包含维修的费用，可以按照现实的旅游景点的交通运输、旅游价值和旅游容纳水平等情况进行适当收费；其三，从空间上引导旅游者，防止旅游者借助非旅游的方式进入景区，对旅游者的数量进行一定的控制。综上所述，恢复旅游景点不是一个临时项目，而是一项长期而持久的工作。

二、树立生态旅游"以人为本"的理念

生态旅游这一旅游理念可以说是最直接体现旅游业可持续发展的一种方式。生态旅游对旅游业的可持续发展来说有着极为重要的促进作用。不管是我国生态旅游的起源，还是我国生态旅游的发展，都与可持续发展的观点有着密切的联系。人是生态旅游中的主体，因此，要树立"以人为本"的生态旅游理念，来更好地促进生态旅游的发展。

首先，这里的人，主要包括了生态旅游者和当地的居民。"以人为本"的生态旅游理念述说起来是指旅游开发、旅游经营者，要以旅游心理学和旅游文化学等学科内容为指导，针对旅游者在旅游过程中的审美偏好、心理倾向，以及消费理念，进行收集，同时，还要最大限度地为旅游者提供高品质的旅游服务。

其次，我国传统的旅游没有意识到生态环境效益发展的重要性，一直以来，关注的都是旅游带来的经济效益。而生态旅游可持续发展的目标是不断加强社会大众的生态思想和社会责任感方面的观念思想，以此来保持生态旅游环境能够得到长久的维持，并促进旅游业未来的发展，使中国生态旅游一直维持生命力。

最后，我国在生态旅游的专项分析研究方面，一直以来都没有得到专家和学者的重视，大多数的专家和学者关注的内容为旅游产业的发展分析以及生态旅游资源的开发等课题。我国生态旅游科学的研究要为此进行自我反思和改变，

改变旅游课题研究中存在的功利主义问题,一方面,对生态旅游具有的开发价值、意义,以及对人的发展的意义加以关注;另一方面,多进行对哲学、社会学、文化学、美学等的分析研究。

三、严格执行生态旅游环境保护的立法

一些旅游开发者打着"生态旅游"的口号,如"享受自然的盛宴、享受原始疗法、了解乡土文化"等,以吸引旅游者的注意力。但在实际的旅游项目开发中,开发者不注意保护环境,盲目地进行开发,严重破坏了当地的环境。因此,我们需要建立一个适应中国国情的生态旅游标准,对生态旅游市场和环境进行规范。该生态标准应包含生态旅游环境质量、生态旅游的通达性、生态旅游区的酒店服务标准和生态旅游线路的严格评估。对那些不符合标准的,要勒令其修复改造,进一步加强法律监管力度。我国生态旅游区有效管理的关键就是法律管理,我国在生态旅游方面还没有出台非常专业的关于生态旅游的法规。因此核心的旅游区项目应该由地方政府牵头,制定一些区域性法律法规来制约开发者的违法行为。除进行严格的立法外,我国相关机构也要依据我国有关法律法规办事,坚决制止非法损害生态旅游区的违法行为,对无视生态旅游区法规的人要进行严厉的制裁,如情节非常恶劣的,要依照我国的有关法律法规予以惩罚。对生态旅游理论展开的研究是多层次的,其一,包括了对生态旅游经济以及旅游管理的研究;其二,包括了对生态旅游本质和功能的研究;其三,包括了对生态旅游者、生态旅游资源、生态旅游与人类社会发展的关系和生态旅游的可持续发展的研究。在我国,要想实现生态旅游研究的不断深化与扩展,必须要重视的一个环节就是不断加强生态旅游理论体系的建设,并在此基础上不断丰富和发展生态旅游理论研究,最终,更好地推动生态旅游可持续发展。

四、加强生态旅游环境保护与教育的宣传

关于环境保护的宣传教育,说起来它除了是生态旅游管理的重要任务之外,还是使大众加强对生态旅游重要性认识的重要方式。当前,我国的生态旅游正逐步迈向一个新的发展阶段,人们对生态旅游环境认识不足,部分开发商片面地追求经济效益,没有意识到保护环境的重要性,以上种种都显示人们必须要对生态旅游的宣传教育工作予以高度的重视。生态旅游宣传教育工作中的具体内容有以下几个方面。

第一,以旅游者为中心,展开生态环境教育活动。这一项教育活动主要包括的内容有通过专业的讲解员进行现场的宣传和讲解使旅游者了解生态环境保

护注意事项等。

第二，以当地居民为中心，展开生态环境宣传教育工作。这一项工作主要依靠专家、学者来对当地居民进行定期的关于生态旅游资源和环境保护等方面知识的宣传和普及工作，同时，专家、学者还要适当地引导当地居民共同保护环境和资源，引导他们意识到生态环境的可持续发展的重要性。

第三，以外来投资者为中心，展开生态环境宣传教育活动。就生态旅游区而言，需要并欢迎外来投资者，但是，也要加强对外来投资者的生态环境宣传教育工作，要让投资者知道哪些行为既损害了旅游区的利益，也损害了他们自己的利益，使投资者了解到生态保护的重要性。

参考文献

[1] 黄渊基. 文化生态旅游融合发展研究 [M]. 湘潭：湘潭大学出版社，2017.

[2] 张建萍. 生态旅游 [M]. 修订版. 北京：中国旅游出版社，2017.

[3] 冯凌，梁晶. 生态旅游与可持续发展 [M]. 北京：旅游教育出版社，2019.

[4] 彭福伟，钟林生，袁淏. 中国生态旅游发展规划研究 [M]. 北京：中国旅游出版社，2017.

[5] 陈薇. 生态旅游与可持续发展理论探析 [M]. 成都：四川大学出版社，2018.

[6] 吴国清，高国相，胡文辉，等. 城市生态旅游产业发展创新 [M]. 上海：上海人民出版社，2016.

[7] 陈格. 生态旅游的可持续发展研究 [M]. 北京：北京理工大学出版社，2018.

[8] 陶表红，焦庚英，陈敏，等. 江西生态旅游产业的可持续发展 [M]. 成都：西南交通大学出版社，2015.

[9] 王怡，张雪. 丹江口库区生态旅游可持续发展研究——以商洛市为例 [M]. 西安：西安交通大学出版社，2017.

[10] 王力峰，章昌平，黄梅芳，等. 民族地区生态旅游可持续发展评估体系研究 [M]. 北京：经济科学出版社，2015.

[11] 于锦华. 辽宁区域生态旅游产业资源聚集与可持续发展研究 [M]. 北京：经济管理出版社，2017.

[12] 马勇. 旅游生态经济学 [M]. 武汉：华中科技大学出版社，2015.

[13] 张骥飞. 可持续发展与生态旅游学研究 [M]. 长春：东北师范大学出版社，2018.

[14] 李明. 中国旅游业可持续发展的政策工具研究 [M]. 北京：中国旅游出版社，2018.

[15] 范志强. 浅谈区域生态旅游可持续发展对环境保护的促进作用 [J]. 城市建设理论研究（电子版），2018（06）：155-156.

[16] 刘国峰，张文鑫. 基于风险控制的生态旅游可持续发展对策研究 [J]. 经济研究导刊，2018（05）：80-82.

[17] 范志强. 浅议生态旅游和环境保护的关系 [J]. 居舍，2018（05）：152.

[18] 杨延风，马俊杰. 对国内生态旅游理论与实践的反思 [J]. 中国农业资源与区划，2017，38（12）：235-240.

[19] 桑森垚. 区域生态旅游可持续发展对环境保护的促进作用研究 [J]. 环境科学与管理，2017，42（11）：178-181.